Débora Duarte

Filha da Televisão

Débora Duarte

Filha da Televisão

Laura Malin

imprensaoficial

São Paulo

GOVERNO DO ESTADO
DE SÃO PAULO

Governador Alberto Goldman

imprensaoficial Imprensa Oficial do Estado de São Paulo

Diretor-presidente Hubert Alquéres

Coleção Aplauso

Coordenador Geral Rubens Ewald Filho

No Passado Está a História do Futuro

A Imprensa Oficial muito tem contribuído com a sociedade no papel que lhe cabe: a democratização de conhecimento por meio da leitura.

A Coleção Aplauso, lançada em 2004, é um exemplo bem-sucedido desse intento. Os temas nela abordados, como biografias de atores, diretores e dramaturgos, são garantia de que um fragmento da memória cultural do país será preservado. Por meio de conversas informais com jornalistas, a história dos artistas é transcrita em primeira pessoa, o que confere grande fluidez ao texto, conquistando mais e mais leitores.

Assim, muitas dessas figuras que tiveram importância fundamental para as artes cênicas brasileiras têm sido resgatadas do esquecimento. Mesmo o nome daqueles que já partiram são frequentemente evocados pela voz de seus companheiros de palco ou de seus biógrafos. Ou seja, nessas histórias que se cruzam, verdadeiros mitos são redescobertos e imortalizados.

E não só o público tem reconhecido a importância e a qualidade da Aplauso. Em 2008, a Coleção foi laureada com o mais importante prêmio da área editorial do Brasil: o Jabuti. Concedido pela Câmara Brasileira do Livro (CBL), a edição especial sobre Raul Cortez ganhou na categoria biografia.

Mas o que começou modestamente tomou vulto e novos temas passaram a integrar a Coleção ao longo desses anos. Hoje, a Aplauso inclui inúmeros outros temas correlatos como a história das pioneiras TVs brasileiras, companhias de dança, roteiros de filmes, peças de teatro e uma parte dedicada à música, com biografias de compositores, cantores, maestros, etc.

Para o final deste ano de 2010, está previsto o lançamento de 80 títulos, que se juntarão aos 220 já lançados até aqui. Destes, a maioria foi disponibilizada em acervo digital que pode ser acessado pela internet gratuitamente. Sem dúvida, essa ação constitui grande passo para difusão da nossa cultura entre estudantes, pesquisadores e leitores simplesmente interessados nas histórias.

Com tudo isso, a Coleção Aplauso passa a fazer parte ela própria de uma história na qual personagens ficcionais se misturam à daqueles que os criaram, e que por sua vez compõe algumas páginas de outra muito maior: a história do Brasil.

Boa leitura.

Alberto Goldman

Governador do Estado de São Paulo

Coleção Aplauso

O que lembro, tenho.
Guimarães Rosa

A *Coleção Aplauso*, concebida pela Imprensa Oficial, visa resgatar a memória da cultura nacional, biografando atores, atrizes e diretores que compõem a cena brasileira nas áreas de cinema, teatro e televisão. Foram selecionados escritores com largo currículo em jornalismo cultural para esse trabalho em que a história cênica e audiovisual brasileiras vem sendo reconstituída de maneira singular. Em entrevistas e encontros sucessivos estreita-se o contato entre biógrafos e biografados. Arquivos de documentos e imagens são pesquisados, e o universo que se reconstitui a partir do cotidiano e do fazer dessas personalidades permite reconstruir sua trajetória.

A decisão sobre o depoimento de cada um na primeira pessoa mantém o aspecto de tradição oral dos relatos, tornando o texto coloquial, como se o biografado falasse diretamente ao leitor.

Um aspecto importante da *Coleção* é que os resultados obtidos ultrapassam simples registros biográficos, revelando ao leitor facetas que também caracterizam o artista e seu ofício. Biógrafo e biografado se colocaram em reflexões que se estenderam sobre a formação intelectual e ideológica do artista, contextualizada na história brasileira.

São inúmeros os artistas a apontar o importante papel que tiveram os livros e a leitura em sua vida, deixando transparecer a firmeza do pensamento crítico ou denunciando preconceitos seculares que atrasaram e continuam atrasando nosso país. Muitos mostraram a importância para a sua formação terem atuado tanto no teatro quanto no cinema e na televisão, adquirindo, linguagens diferenciadas – analisando-as com suas particularidades.

Muitos títulos exploram o universo íntimo e psicológico do artista, revelando as circunstâncias que o conduziram à arte, como se abrigasse em si mesmo desde sempre, a complexidade dos personagens.

São livros que, além de atrair o grande público, interessarão igualmente aos estudiosos das artes cênicas, pois na *Coleção Aplauso* foi discutido o processo de criação que concerne ao teatro, ao cinema e à televisão. Foram abordadas a construção dos personagens, a análise, a história, a importância e a atualidade de alguns deles. Também foram examinados o relacionamento dos artistas com seus pares e diretores, os processos e as possibilidades de correção de erros no exercício do teatro e do cinema, a diferença entre esses veículos e a expressão de suas linguagens.

Se algum fator específico conduziu ao sucesso da *Coleção Aplauso* – e merece ser destacado –, é o interesse do leitor brasileiro em conhecer o percurso cultural de seu país.

À Imprensa Oficial e sua equipe coube reunir um bom time de jornalistas, organizar com eficácia a pesquisa documental e iconográfica e contar com a disposição e o empenho dos artistas, diretores, dramaturgos e roteiristas. Com a *Coleção* em curso, configurada e com identidade consolidada, constatamos que os sortilégios que envolvem palco, cenas, coxias, sets de filmagem, textos, imagens e palavras conjugados, e todos esses seres especiais – que neste universo transitam, transmutam e vivem – também nos tomaram e sensibilizaram.

É esse material cultural e de reflexão que pode ser agora compartilhado com os leitores de todo o Brasil.

Hubert Alquéres
Diretor-presidente
Imprensa Oficial do Estado de São Paulo

Para nascer, nasci.

Pablo Neruda

Introdução

A primeira vez que conheci Débora foi anos atrás, rapidamente, durante as gravações da minissérie global *Hilda Furacão*, onde ela fazia a Sãozinha. Lembro que foi divertido, ela pareceu ser uma pessoa amável e nós rimos muito na piscina do hotel. Rir com uma pessoa é um bom sinal, não é?

A segunda vez que conheci Débora foi dez anos mais tarde, quando recebi a incumbência de biografá-la. De cara, ao telefone, foi muito simpática e me revelou o que nem desconfiava: é a atriz brasileira viva que mais novelas fez... e olha que tinha apenas 58 anos!!!

Os encontros foram, no começo, justos de informação. Eu, como jornalista, não estava entendendo ainda quem era Débora Duarte. Quem era aquela mulher tão bela, de tanto sucesso, tantos trabalhos, família tão grande em atores, ex-amores do meio artístico... e tudo de uma maneira tão natural e tranquila.

Uma das primeiras coisas que Débora me disse é que nunca conheceu o anonimato. Praticamente nasceu na TV (e com a TV, em 1950). Mas, apesar disso, não tinha nem um pingo da alma de celebridade que é tão comum hoje em dia. Tinha, sim, a alma de artista que, como um saltimbancos, vai atrás do trabalho. Tinha, sim, a naturalidade de ser filha de dois grandes atores (Marisa Sanchez e Lima Duarte) e mãe de duas promissoras atrizes (Daniela Gracindo e Paloma Duarte). Tinha, sim, uma vida tão vivida, tão aproveitada, tão intensa que mal cabe em sua memória. O que dirá num livro?

Exatamente por isso, fomos à casa de uma de suas filhas, Paloma, abrir o *baú* de sua vida. O baú era real – mas também altamente simbólico. Recheado de fotos, reportagens, capas de revistas, programas de peças de teatro, não era apenas um compêndio de sua carreira. Estava, sobretudo, inundado de lembranças, daquelas que vão se apagando à medida que o tempo passa, para que a gente possa viver o presente. Foi no baú que achamos a memória de Débora; junto com imagens de seu passado, poesias e críticas exaltando seu talento.

Durante a tarde que passamos na frente do baú, percebi na Débora expressões que (acredito) poucos têm possibilidade de registrar. Vi-a abrindo sua intimidade, e posso dizer que, daí em diante, fui espectadora de sua vida.

Débora sempre foi linda, e suas fotos de juventude guardavam uma história que eu nem imaginava: ela teve sua trajetória toda documentada pela imprensa. Foi, o tempo todo, notícia. Foi uma celebridade sem se importar com a fama. E nunca teve nada de instantânea: veio para ser perene.

Sua vida é um espetáculo. Sem intermissão. Desde seu nascimento, Débora Duarte trabalha sem parar diante das câmeras e nos palcos, para o deleite do público. Compreendi que ela não o faz por nada além do simples motivo deste ser o sentido de sua vida.

Quando eu perguntava a ela como tinha sido, por exemplo, fazer duas peças, duas novelas e ter uma filha num determinado ano, ela respondia, içando as sobrancelhas: *foi natural, aconteceu*.

Então, a Débora que encontrei dentro e através daquele baú, a Débora que me conquistou, é uma mulher extremamente forte, determinada, dedicada ao trabalho e à família. Mas diria que sua maior qualidade é sua originalidade. Ela é o que tem que ser, é o que sente, e sente com muita delicadeza o que é.

A terceira vez que conheci Débora foi durante uma série de entrevistas realizadas para o *Instituto de Teatro Montenegro e Raman*, onde ela foi entrevistada pelo ator Thiago Mendonça na frente de uma plateia embasbacada. Aliás, é preciso dizer que parte deste livro deve-se a esta brilhante entrevista onde Débora desnudou-se com uma força que poucos talvez possam entender, mas todos, sem dúvida, irão compartilhar ao longo do livro. Foi então que, realmente, eu conheci a Débora. No palco. Como um peixe que não se pode compreender fora da água, Débora não é Débora longe da cena.

Explico o porquê. A Débora que vi no palco não era a mesma do sofá de sua casa, nem sequer era aquela que abriu o baú para reviver e compartilhar tantas memórias. A verdadeira Débora não apenas atrai toda a luz, atenção e suspiros da plateia em sua direção – mais, bem mais do que isso. Ela própria emana luz, cores, sons, brilhos no olhar, uma explosão de mulher, de atriz, de ser humano que supera todas as outras Débora – e que é, acima de tudo, a verdadeira Débora.

Foi neste palco, portanto, que eu compreendi quem ela é. Sua alma. Sua potência. Sua essência. A Débora que não sofre no trabalho, mas dilacera-se na vida. Uma criatura divina que está nesta jornada, como ela mesma definiu, para servir! Servir de canal para as emoções, de ponte para os sentimentos, de instrumento (primoroso) para a arte. E como um cego, que tateia do objeto mais próximo até o seguinte,

Débora vai buscando o seu caminho por entre suas obras, seus trabalhos, muletas que, no entanto, são suas próprias pernas (que sempre souberam caminhar sozinhas).

Débora, obrigada, antes de mais nada, por toda honestidade. Mas também pelo exemplo: irrequieta na alma, tela branca no corpo. Uma arte viva, uma carne trêmula, instinto puro, espontânea, pronta para aprender a viver... sem desconfiar que vive o máximo, da melhor maneira, que é a sua! Bravo!

Laura Malin

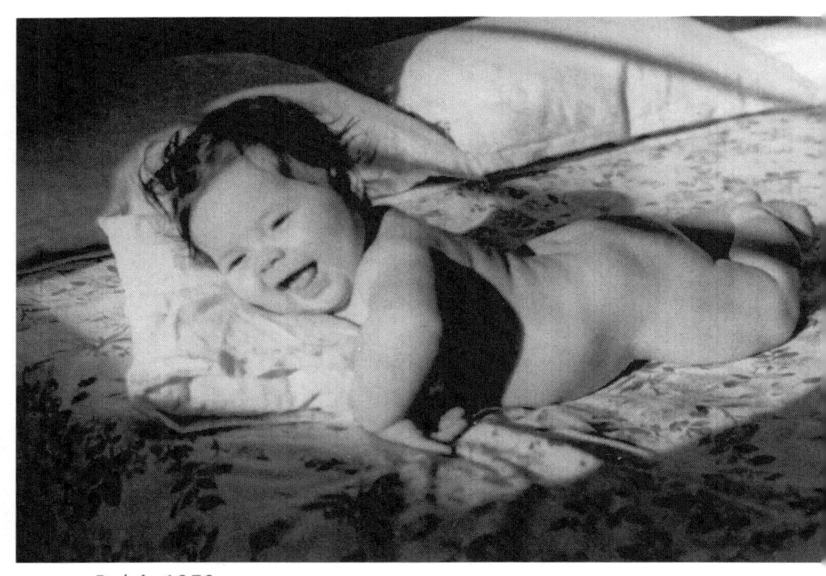

Bebê, 1950

Capítulo I

Nasce de uma Estrela (1950-70)

Eu nasci literalmente com a televisão brasileira. O ano era 1950, eu vim ao mundo em São Paulo, no dia 2 de janeiro. Nasci com a década. Poucos meses depois, na mesma São Paulo, Assis Chateaubriand resolveu aumentar o seu conglomerado de mídia, os Diários Associados, e trazer a televisão para o Brasil.

Oficialmente, no dia 18 de setembro, poucos meses após a minha chegada ao mundo, a primeira exibição da TV Tupi, canal 3, foi transmitida a partir de uma antena colocada no topo do prédio do Banco do Estado de São Paulo. As imagens, geradas na Rua 7 de Abril, no centro da cidade, mostraram uma menina de cinco anos de idade, vestida a caráter, dizendo: *Está no ar a televisão no Brasil*.

Obviamente eu não me recordo disso. O fato é que a minha história e a da televisão brasileira estão tão enroscadas que não me é possível separá-las. A maior parte do que eu vivi foi em corredores de emissoras, na frente das câmeras ou aguardando para gravar.

Deste começo, a primeira coisa que lembro é do logotipo da TV Tupi, um indiozinho tupiniquim lindo, sorrindo, que, ao invés de duas penas no cocar em sua cabeça, tinha duas anteninhas. Seus bracinhos cruzados já anunciavam que iríamos ficar hipnotizados pela caixinha mágica – na época, uma caixona de madeira, um móvel caríssimo e importado dos Estados Unidos pelos poucos abastados.

Não apenas nasci com a televisão, mas cresci dentro dela. Minha mãe, Marisa Sanches, foi uma pessoa muito corajosa que veio de uma infância miserável. Minha avó materna ficou viúva muito jovem, o meu avô morreu domando um cavalo e ela teve que sair distribuindo os filhos. O Lima, meu pai de criação, também. São pessoas de muito valor, que eu respeito, admiro e amo demais.

Então, minha mãe, que saiu de Caconde, no interior de SP, conseguiu ser *cigarette girl* nos Estados Unidos – sem falar uma palavra de inglês. Ela ficava segurando aquela caixinha de madeira, com uma alça nos ombros, vendendo cigarros. Como era linda, um escândalo de mulher, logo passou a *crooner,* garota-propaganda e chegou a ser locutora da NBC.

Foi nessa temporada que ela conheceu o meu pai biológico, que era um organista de *jazz*, tocava com o Duke Ellington. Bem, ela engravidou e

Marisa Sanches, mãe de Débora - TV Tupi, 1966

ele tinha que fazer uma turnê de oito meses. Contava minha mãe a seguinte versão: ela quis ir junto na turnê, mas ele, um típico bicho de goiaba americano, não deixou. Disse que não permitiria que ela ficasse meses chacoalhando dentro de um ônibus com um barrigão e que por isso deveria ficar com os pais dele até o seu retorno ou o meu nascimento.

Acontece que os pais dele eram um casal ultracareta. Ele, um violinista maçom espanhol; e ela tocava corneta de uniforme, na rua, para o Exército de Salvação. Claro que a minha mãe não queria ficar lá, ela disse pro meu pai biológico: *Se você for pra turnê e não me levar, eu vou embora*. Ele não acreditou. Mas ela era danada, sabia que enlouqueceria naquele lugar, então arrumou as malas e voltou para o Brasil, onde eu nasci. Pouco tempo depois, ela acabou se tornando uma grande atriz.

Quando eu tinha pouco mais de um aninho, minha mãe conheceu o Lima (Duarte), aquele que me criou, ensinou, educou, aquele de quem eu tanto aprendi... de maneira que meu pai é o Lima. Tanto que eu sou Duarte, como ele. Na verdade, uma curiosidade que vários já sabem, Lima Duarte é seu nome artístico, por registro ele se chama Ariclenes Venâncio Martins.

Lima Duarte em Pecado Capital - *TV Globo, 1975*

O Lima chegou na capital vindo do interior num caminhão de mangas onde se escondia do frio, à noite, para dormir. Como era um autodidata, logo começou a trabalhar como operador de som e sonoplasta, entre outras coisas, e acabou virando ator. Com a inauguração da TV Tupi, foi trabalhar lá, tendo participado inclusive do primeiro programa criado especialmente para a televisão, o *TV na Taba,* apresentado pelo Homero Silva e com a participação da Hebe Camargo e do Mazzaropi.

Lima também participou do primeiro teleteatro, que foi ao ar em novembro de 1950. Era um drama baseado no filme de suspense *Sorry, Wrong Number*, de 1948, e chamou-se *A Vida por um Fio*. Contava a história de uma mulher estrangulada pelo marido com um fio de telefone! Além do meu pai, tinha Walter Forster, Lia de Aguiar, Dionísio Azevedo e Yara Lins no elenco.

Enfim, os dois logo começaram a trabalhar na recém-inaugurada TV Tupi, eu era um bebê e eles me carregavam junto. Onde minha memória pode alcançar, lembro dos estúdios da televisão como a continuação da nossa casa. Aliás, um lugar onde passávamos ainda mais tempo do que em casa.

Éramos um grupo de artistas unidos, algo como uma trupe, uma grande família, porque naquela

O Jardim Encantado*, a primeira novela - TV Tupi, 1959*

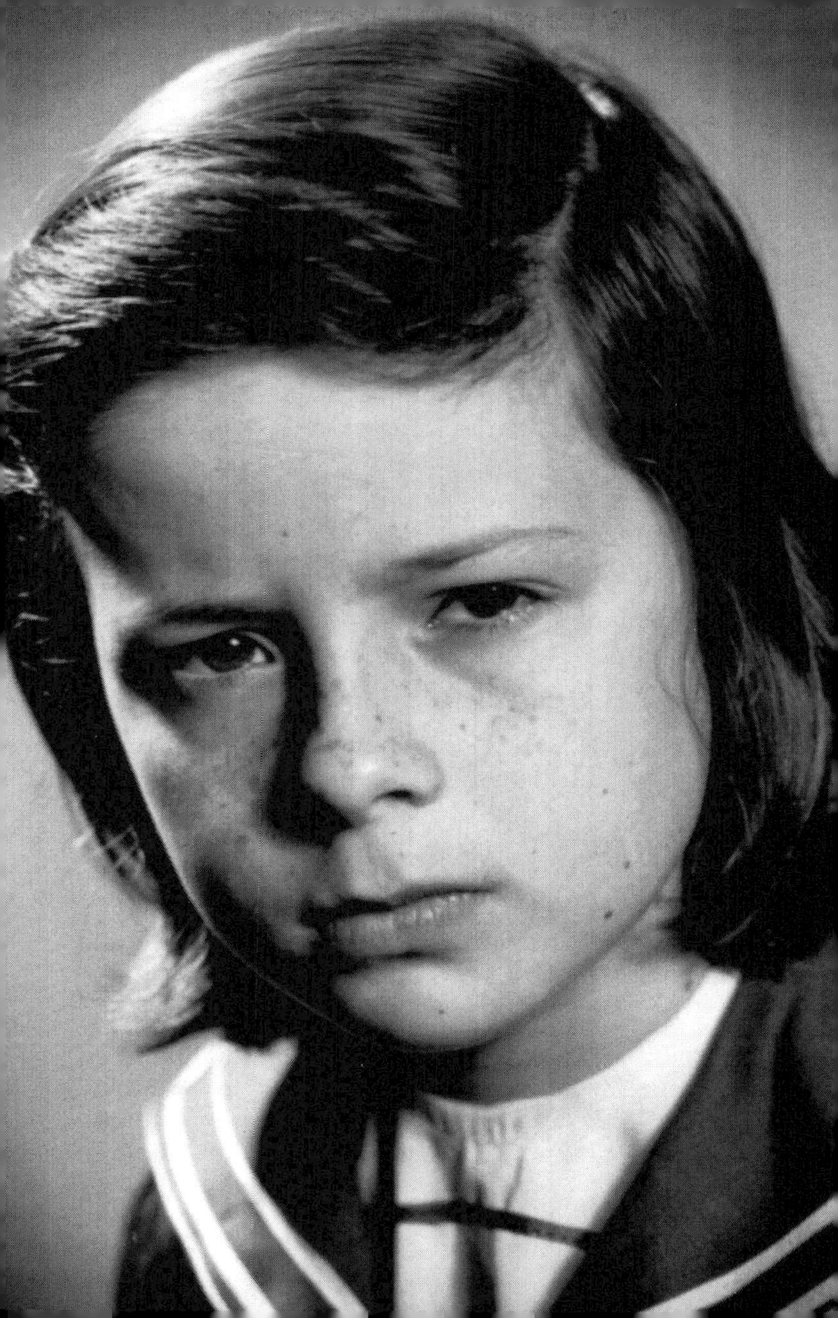

época a televisão era completamente mambembe. Eu era sardentinha, tinha um sorriso bonitinho, e sempre fui desinibida. Um belo dia alguém me pediu emprestado para fazer um comercial de pasta de dente e dar um sorriso, e eu fui. Depois me chamaram para comer uma bolacha olhando pra câmera, e eu fui. Era tudo ao vivo, mas nada daquilo me assustava, era o meu dia a dia, então eu encarava com naturalidade. Além do que, era uma criancinha!

Em seguida, fui convidada a desfilar roupas infantis, e a próxima coisa da qual me recordo foi o convite para fazer duas falinhas num programa. Não passou muito tempo e fiz o meu *début* na televisão, como atriz. De cara, peguei o papel da Cosette, na novela que era a adaptação de *Os Miseráveis*, do Victor Hugo.

Era tudo ao vivo, e a personagem era uma espécie de Cinderela, só que passando por tudo aquilo aos três anos de idade. Ela foi entregue pela mãe, Fantine (interpretada pela Laura Cardoso), que mandava dinheiro todo mês, a um casal desconhecido. O casal, os Thénardier, tinha duas filhas que eram o centro de sua atenção e a Cosette, coitadinha, só levava bronca. Quando sua mãe parou de mandar dinheiro, ela virou servente da casa. Exatamente como a Cinderela, só que quando ela cresceu um pouco mais, foi

Com o pai, Lima Duarte

resgatada deste lar horrível pelo Jean Valjean (interpretado pelo Fernando Baleroni), que se tornou seu pai.

A direção era do Dionísio Azevedo, que também escrevia! Naquele começo, as pessoas faziam tudo, tinha uma tradição do teatro, onde o ator participa mais da obra, cuida do figurino, da maquiagem, enfim, eram outros tempos.

Sendo criança era tudo muito intuitivo. Eu estava ali me divertindo e fazendo, não tinha consciência de uma responsabilidade ou de um peso maior, mesmo fazendo ao vivo. Foi durante essa primeira novela que aconteceu a primeira coisa inesquecível da minha vida artística.

Numa cena, eu tinha que ir, assustada, maltratada, pegar água no meio da noite. Era pra Cosette estar com muito medo e o cenário estava escuro. Antes de entrar ao vivo, lembro da minha mãe dizendo pra eu ir ao banheiro. Mas eu tinha apenas sete anos, ficava correndo pelos corredores, brincando, até a hora de entrar, e não tinha saco pra ir até o banheiro, que ficava no terceiro andar. Desta vez, não fui.

Tinha que contar até dez demonstrando o medo da personagem, segurando aquele balde enorme. Contei *1, 2, 3*, e lembro de sentir o xixi escorrendo pela calça. Acho que estava muito apertada, fiquei com medo do cenário e quando vi não dava pra parar e ir ao banheiro, tinha que ir até o dez, acabar a cena. Acho que nem imprimiu no vídeo, porque a TV ainda era em preto e branco, só que eu morri de vergonha!

Fui em frente e acabei a cena, e até que compôs, porque uma menininha com medo se mija mesmo, mas no meu caso não teve nada a ver com composição de personagem (eu nem sonhava com isso!), foi pura vagabundagem. Aprendi uma grande lição com este episódio: é melhor ir ao banheiro antes de entrar em cena!

Fazer ao vivo era um clima maravilhoso, era muito solidário, era correr o risco juntos, éramos muito unidos, na técnica, no artístico, éramos todos uma grande equipe. A improvisação foi a principal característica dos primeiros anos da televisão brasileira, então tínhamos que ser solidários. Na época, os artistas eram considerados muito mais para marginais e não ganhavam nada bem. Era mais divertido, se pensava mais no trabalho, se trabalhava pelo ofício, pelo prazer, e saía-se junto para comentar o trabalho depois, tal qual aquela grande família.

No estúdio, era tudo uma continuidade da minha casa, aquelas câmeras, aqueles cenários, aqueles cabos, aquelas pessoas, era o meu cotidiano, era todo dia, toda hora. A gente morava no Sumaré, perto dos estúdios da TV Tupi. De manhã, eu estudava, como qualquer criança. Fiz o jardim de infância e o primário no Instituto de Educação Caetano de Campos, um colégio do governo na Praça da República.

À tarde eu ia para a TV trabalhar, ensaiava e à noite entrava ao vivo. Cruzava com meus pais pelo estúdio mas eles não ficavam no meu pé, já que não estavam lá para me acompanhar, mas para atuar. A gente não era de fora, era de dentro. Como já disse, nós praticamente morávamos lá, era todo dia, o dia inteiro. Para se entender a TV naquela época, é importante esquecer essa ideia de indústria, era uma coisa quase que familiar.

Eu acho que neste começo só havia uma novela no ar, mas tinha a *TV de Vanguarda*, a *TV de Comédia*, o *Grande Teatro Tupi*, tinha comerciais, de modo que nós três estávamos sempre trabalhando em alguma coisa. Fui independente desde o começo, e demorou para eu trabalhar com os meus pais. Eles, claro, nunca se opuseram, foi tudo muito natural, aconteceu e pronto.

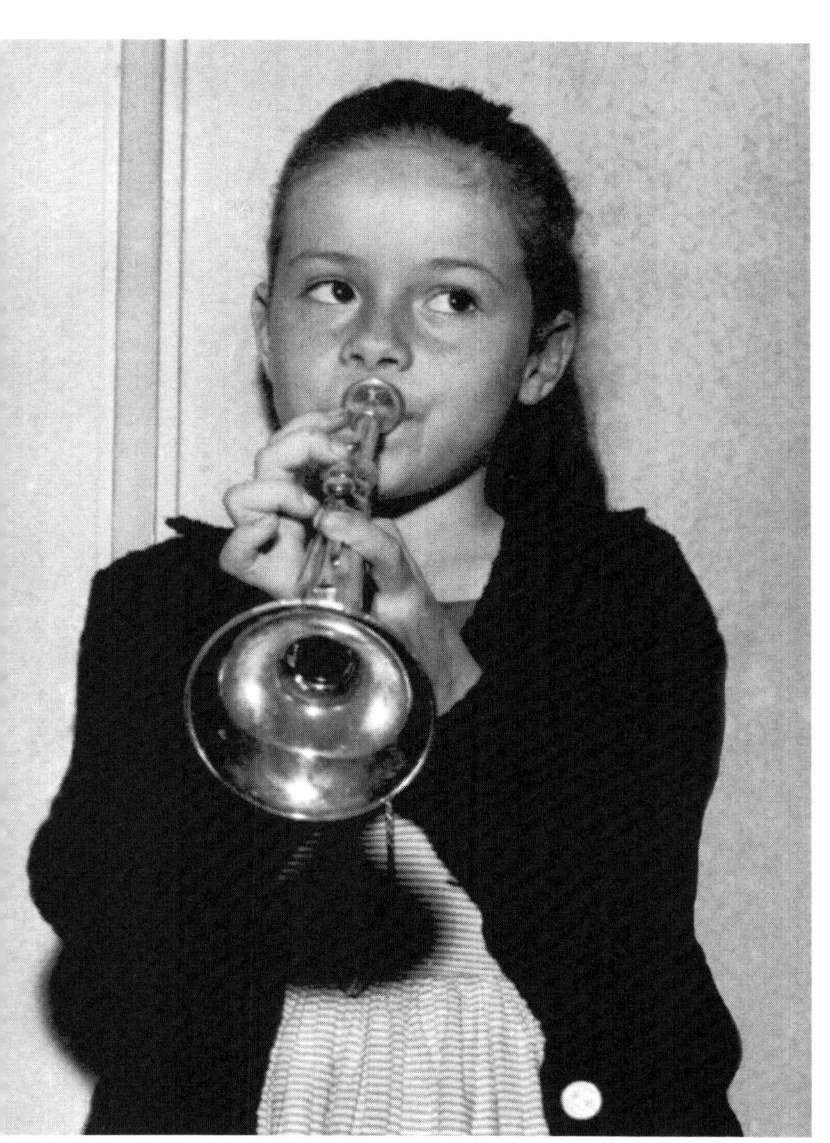

Ainda criança, 1956

Minha mãe adorava este ofício, meu pai, nem precisa dizer. Tenho uma irmã três anos mais nova, que se chama Mônica e é advogada. Como a família toda já era artística, a Mônica chegou a fazer umas duas participações, mas se salvou e é *normal*. A Mônica casou com o primeiro namorado dela, estão juntos até hoje. A história dela é bem diferente da minha. Ela foi, durante a separação dos meus pais, estudar num colégio alemão, o Koelle, em Rio Claro, colégio misto, muito bom. Foi lá que ela conheceu o Roberto, estão casados até hoje, têm três filhos. Um deles é meu afilhado, o Roberto, o mais velho. Ela viveu uma vida muito diferente da minha.

Outra coisa da qual me recordo é de, nessa época, com uns 8 anos, eu ter comprado um piano com o meu próprio dinheirinho. Só estudei um ano, depois parei, foi mais para contemplar a minha mãe. Ela administrava o meu salário, que, como já disse, não tinha nada a ver com os salários de hoje em dia. Também estudei uns três ou quatro anos balé, minha mãe me colocou, mas não dava tempo, a televisão era uma atividade que tomava muito mais tempo antigamente. Lembro apenas de uma apresentação no Teatro Municipal, acho que aos sete anos.

Minha segunda novela foi *O Jardim Secreto,* idealizada pelo Vicente Sesso e baseada no livro

No Teatro Municipal, 1961

da escritora inglesa Frances Hodgson Burnett. Foi em 1958-9, mas eu não tenho lembranças específicas deste trabalho. Aliás, nada facilita a minha memória: eu vou vivendo e apagando. Acho que é uma espécie de um sistema que vai aliviando a placa mãe, tenho bastante dificuldade em me localizar no passado.

Eu já estava com 14 anos quando fiz um personagem que marcou, porque era um estouro naquela época. Fui o Peter Pan no *Sítio do Pica-Pau Amarelo*. O Júlio Gouveia dirigia e a mulher dele, a Tatiana Belinky, escrevia. Foi uma parceria que deu muito certo e que inaugurou o espaço para a programação infantil na TV desde 1952.

Teve uma história que acho que foi o começo do *merchandising* no País. O Júlio não aceitava qualquer patrocinador, como era um educador, estava preocupado com o que iria promover entre as crianças. O biotônico Fontoura e os chocolates Lacta eram fixos, mas como não havia intervalos durante o programa (eram ao vivo, né!), a Tatiana Belinky bolou uma estratégia. Todos os episódios tinham a hora do lanche, quando a Dona Benta chamava as crianças para comer aqueles bolinhos da Tia Anastácia. E, na mesa, apareciam o biotônico e o chocolate.

Sítio do Pica-pau Amarelo, *como Peter Pan - TV Tupi, 1964*

Foram treze anos de Monteiro Lobato no ar, semanalmente, e a exibição dos episódios era um acontecimento, as pessoas se reuniam em volta dos poucos televisores que havia no país, colocavam cadeiras do lado de fora da janela do vizinho – e eram chamados de *televizinhos*. A exibição era semanal.

Apesar dos poucos aparelhos, eu me lembro de já ser reconhecida ao andar nas ruas. Não me recordo, nunca, de ter sido uma pessoa anônima. Não sei o que é isso, para mim sempre foi muito natural ser parada na rua. Se eu sair e não for reconhecida, acho que enlouqueço porque essa é a minha realidade. Eu não tenho o outro lado da moeda.

Bem, foi também em 1964 que eu fiz a novela *Quem Casa com Maria*. A novela contava a história de seis irmãs chamadas Maria *alguma coisa* que queriam se casar. Eu era a Maria da Graça. Lembro que a Ana Rosa fazia a Maria da Glória, mas não lembro se apareceram seis cavaleiros...

Ainda no mesmo ano trabalhei pela primeira vez com o Lima. Ele fazia um cara atormentado que decidia escrever anonimamente para o jornal, protagonista da novela *Gutierritos, o Drama dos Humildes.* Não lembro se ele era o meu pai na novela, na verdade acho que foi bem tranquilo, não fiquei nervosa. Esta foi a primeira novela que fiz com videoteipe, mas no começo a gente estranhava, preferia até fazer ao vivo, porque gravando não havia possibilidade de corte. Voltávamos do começo para gravar tudo de novo. Demorava muito mais.

As novelas eram mais curtas, e os elencos, menores. A gente fazia vários trabalhos durante um ano. Em 1965 eu trabalhei em três novelas: *O Pecado de Cada Um*, que era a história de dois irmãos interpretados pelo Francisco Cuoco e o Luis Gustavo onde eu fazia a Mônica; *Ana Maria, Meu Amor*, onde eu era a Ana Maria; e *A Outra*. Desses trabalhos, me recordo melhor de *A Outra*, foi quando conheci o Tony Ramos, um estudante ainda. No elenco tinha ainda o Walmor Chagas, a Geórgia Gomide e o Juca de Oliveira.

Foi uma época de muitos acontecimentos em minha vida. Saí de casa para morar com um namorado – ficamos juntos quatro anos. Verdade seja dita: eu sempre fui precoce. Aos 15 anos já estava madura o suficiente para enfrentar um *casamento*. Já tinha vivido bem aquela coisa de turminha do bairro, da escola, de bailinho na garagem. Tinha aqueles sobradinhos com garagem embaixo, a gente descolava uma vitrola e dançava junto, colado, era muito legal.

Então me apaixonei, ele era mais velho, e fiquei encantada. Foi praticamente um casamento, morei com ele até os meus 19 anos. O Lima ficou bravo, mas minha mãe entendeu tudo, ela tinha ideias modernas.

Também teve a minha estreia no teatro adulto, aos 16 anos. Antes eu tinha feito um infantil, *O Lobo na Cartola*, mas desse trabalho pouco me recordo. A peça que marcou de verdade foi *Sistema Fabrizzi*, de Albert Hudson, com direção de Maurice Vaneau, onde eu ganhei o prêmio de revelação do ano da Associação Paulista de Críticos Teatrais. O Sábato Magaldi escreveu uma linda crítica onde dizia, com letras garrafais, *Nasce uma Estrela*, no Jornal da Tarde.

O Alberto D'Aversa, outro crítico da época, escreveu: *Ao lado de Leonardo (Villar) faz sua estreia uma jovem, Débora Duarte, que surpreende pelo encanto de sua atuação e presença cênica. É fácil prever um futuro mais que promissor para Débora (na Espanha, quando aparece uma atriz assim costumam dizer que a moça tiene angel).*

Sempre achei um elogio lindo esse *tiene angel*, algo que falava que eu tinha uma luz, uma coisa forte, né? Nunca me esqueço desta crítica.

Recebendo prêmio de melhor atriz APCT por O Sistema Fabrizzi, *1966 - estréia no teatro aos 16 anos*

E não foi apenas a crítica que foi inesquecível, tudo foi especial em *Sistema Fabrizzi,* onde eu contracenava com Leonardo Villar, no teatro da Aliança Francesa. Foi muito engraçado porque eu já fazia televisão há muitos anos, desde os 5, com 16 eu já estava supersegura de tudo. Aí eu pensava: *Ai, que engraçado, todo mundo fica nervoso para estrear no teatro, que bobagem, que coisa ridícula, coisa e tal, nervoso por quê? Tô calmíssima!*

Um dia antes da estreia eu amanheci com a garganta completamente fechada, eu criei uma placa de carne que fechou a minha glote. Eu não podia falar, não saía nada, zero de som. Eu fui ao laringologista e ele literalmente teve que lancetar, que cortar a minha garganta. Foi uma tragédia, porque estavam confirmados na plateia o Cônsul da França, o Governador de São Paulo... Eu tava nervosa e não sabia. Eu estava com muito medo. Enfim, não teve jeito, a estreia teve que ser adiada, foi o maior rebuliço.

Finalmente, quando aconteceu, foi maravilhoso. Acho que a partir do momento em que entendi que tudo bem estar nervosa, a coisa rolou. Fui aplaudida em cena aberta, uma cena de comédia em que eu fazia um cardeal que ficava derrubando pacotes, foi uma grande emoção.

Naquela época nós tínhamos críticos teatrais de muita generosidade e inteligência, como o Magaldi e o Décio da Almeida Prado. Eram críticos que amavam o teatro então realmente a classe ficava de madrugada, na rua, nos pontos de encontro, que naquela época existiam, pra onde todo mundo ia depois do trabalho, pra ficar esperando a crítica sair. Porque tava ali tudo, eles criticavam o trabalho de cada ator, a cenografia, a luz, a direção, a trilha, e era uma crítica do ponto de vista de quem amava teatro. Então a gente esperava e aprendia muito com elas. Eu tive críticas muito lindas de grandes formadores de opinião.

Mas ao mesmo tempo eu fiquei muito insegura porque naquela época tinham grandes artistas que eu olhava da minha pequenez, que eu olhava assim pra eles, de baixo pra cima, né, meus ídolos, mestres, e eles vinham me dizer coisas maravilhosas. E na época eu lembro de me sentir muito mentirosa, muito em perigo, porque eu dizia *caramba, eles falam tantas coisas boas a meu respeito, e eu não faço nada disso que eles fazem. E quando eles descobrirem que não é verdade?* Era o que eu sentia.

Sabe que eu tive um problemão durante onze anos por causa disso! Na minha cabeça, no meu coração, eu era uma grande impostora, porque eu não fazia esforço nenhum, eu não tinha tido aulas teóricas, técnicas a respeito, e a coisa funcionava bem, e como não tinha dor, não tinha esforço eu pensava: *alguma hora eles vão descobrir*. Isso me atrapalhou um tempão.

Em algum momento eu tive dúvidas se era isso mesmo, se queria ser atriz, mas hoje em dia eu sei que gosto mais do que qualquer outra coisa. Eu não sei se eu poderia ter muito prazer em fazer outra coisa. Acho até que poderia sim ter tido outra profissão, acho que todo mundo pode, né?, mas como eu fiz isso durante tantos anos, tudo o que eu aprendi tem este olhar, o olhar da minha profissão. Eu sei como olhar as pessoas, o mundo, como ampliar a imaginação, como lidar com a sua sensibilidade. Tudo foi passando durante a minha vida, inclusive a minha vida, por este filtro, então hoje em dia eu não posso julgar como seria ser o que eu não fui. Apenas sei que eu gosto muito do que faço.

Em 1966, atuei na novela *Ninguém Crê em Mim,* e no ano seguinte fiz par com o Marcos Paulo no *Morro dos Ventos Uivantes*. A gente fazia o casal mocinho – eu, a jovem Catarina; e ele, o Heathcliff. Eu já tinha trabalhado com o Vicente Sesso, pai dele, a gente já se conhecia. Foi um trabalho curto, mas muito bonito – não apenas pela adaptação do romance da Emily Brontë, mas

Ninguém Crê em Mim, *1966 - TV Excelsior*

porque quem dirigiu foi o Zé Celso Martinez... pois é, nessa época a televisão era lugar de gente de teatro, de rádio, de circo... incrível como as coisas mudaram. Nesse ano ainda fiz a Nina de *O Grande Segredo*.

Aí chegou 1968... que foi aquele ano tão intenso. Eu cheguei a ir a algumas passeatas, mas não me envolvi num nível profundo, não. Eu torcia, eu era da torcida. Não cheguei a ser ativista, não fui uma militante. O Lima teve que dar uma sumida, não só ele, mas a vizinhança teve que sumir uns tempos. Morávamos na Rua Bruxelas, onde havia vários sobradinhos, e os nossos vizinhos, o Dionísio e a Flora, o Bareloni e a Laura, o José Castelar e a Heloísa, da TV Cultura, todos esses deram um tempo.

O Lima só voltou porque foi chamado para ser porta-voz dos discursos do Chateaubriand, aí sossegou um pouco. Mas ele também esteve engajado nas coisas do Teatro Arena, a gente viveu isso, a gente teve vários colegas fugidos, alguns pegos, né, por mais que você fosse alienado, você acabava vivendo a coisa, porque tava ali do teu lado.

Tinha muito artista envolvido, praticamente toda a classe intelectual, porque antigamente as classes artística e intelectual andavam mais juntas. Hoje

TODOS ÊLES PRESOS NAS MALHAS DE UM GRANDE SEGRÊDO!

O GRANDE SEGRÊDO

estrelado por **Glória Menezes, Tarcisio Meira, Ivan Mesquita, Débora Duarte** e **Iris Bruzzi**

Acompanhe "O Grande Segrêdo", pelos seguintes canais:

SÃO PAULO — TV Excelsior, Canal 9 — 2ª a 6ª feira, 20 horas, a partir de 17 de abril

R. DE JANEIRO — TV Excelsior, C. 2 — 2ª a 6ª feira, 19 horas, a partir de 1º de maio

B. HORIZONTE — TV Vila Rica, Canal 7 — 2ª a 6ª feira, 19,45 horas, a partir de 8 de maio

PORTO ALEGRE — TV Gaúcha, Canal 12 — 2ª a 6ª feira, 18.50 horas, à partir de 24 de abril

CURITIBA — TV Paranaense, Canal 12 — 2ª a 6ª feira, 18,45 horas, a partir de 22 de maio

RECIFE — TV Jornal do Commercio, Canal 2 — 2ª a 6ª feira, 18,05 horas, a partir de 15 de maio

ATENÇÃO: não percam os primeiros capitulos para conhecer "O Grande Segrêdo", no seu teleteatro POND'S.

O Grande Segredo, *1968 - TV Excelsior*

em dia não é a mesma coisa, você vê, naquela época era. Hoje em dia é quase que excludente. A gente vive num país muito preconceituoso e muito burro nessa questão, de como olhar o artista e a sua obra, muito atrasadinho.

No teatro, participei de três peças em pleno 68. *Este Ovo é um Galo*, de Lauro Cesar Muniz, com um texto incrível. *Os Últimos,* do Gorki, onde dividi a cena com a querida Nicette Bruno, o Paulo Goulart e o Carlos Augusto Strazzer, que fazia sua primeira peça. Depois ele faria o meu par em *O Profeta*, quase dez anos mais tarde. Adorei trabalhar com o Abujamra, que dirigiu. Nós éramos todos muito amigos nessa época.

E também teve a Nástienka de *Noites Brancas*, com a direção do Osmar Rodrigues Cruz. Tem uma história interessante a respeito deste nome. Meu único casamento oficial foi com um russo. Ele se chamava Wladimir Nicolayev, e a gente se casou na igreja ortodoxa russa, onde o nome Débora não existe.

Eu tive que escolher um nome russo pra me casar, claro que escolhi Nástienka, que, eu não sabia, é o diminutivo de Anastácia. Resultado: foi Anastácia que casou, e não a Débora. Aliás, eu me senti num palco, porque o casamento

Na peça Os Últimos, com Nicette Bruno, 1968

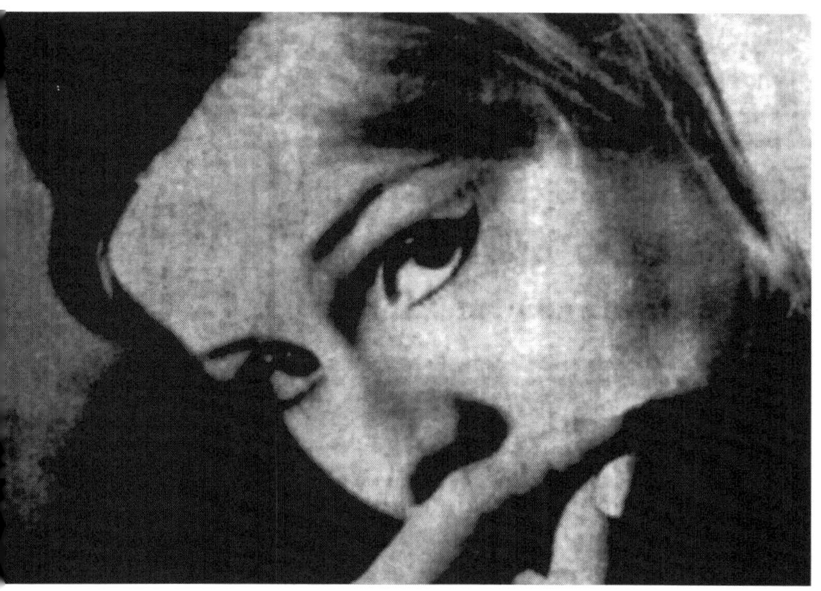

Na peça Noites Brancas, *1968*

russo ortodoxo é um teatro. O coro fala assim: *a mulher deve temer o marido*, você já entra na igreja assim, quem pisar no pano branco primeiro é quem manda em casa, e aí amarra as velas na mão, e aquela vela fica pingando, te queimando horas, e pra padrinhos você só convida o inimigo porque tem que segurar uma coroa que pesa mais de 1,5 kg com o braço estendido, não pode trocar de braço. Foi um episódio esse casamento. Durou pouco.

Enquanto isso, na televisão, eu fiz *O Homem que Sonhava Colorido*, onde interpretava a Mariana, uma adolescente que se apaixonava por um homem imaginário, interpretado pelo Juca de Oliveira. E emendei em *O Décimo Mandamento,* onde eu fazia filha do Lima. Mas o mais difícil foi na novela seguinte, onde eu fui dirigida pelo meu pai: *Beto Rockfeller,* que estourou a boca do balão. Acho que foi o primeiro grande sucesso nacional, e o primeiro anti-herói. Meu pai me dirigia, aí a relação ficou mais exigente. Eu e a queridíssima Bete Mendes fazíamos par com o Luiz Gustavo. Eu era a rebelde; a Bete, a boazinha; e tinha a Ana Rosa, a namorada do bairro.

Estar dentro dessa novela foi um marco maravilhoso. Primeiro que o diretor artístico era um homem que entendia tudo de televisão, o Cassiano Gabus Mendes, que faz muita falta.

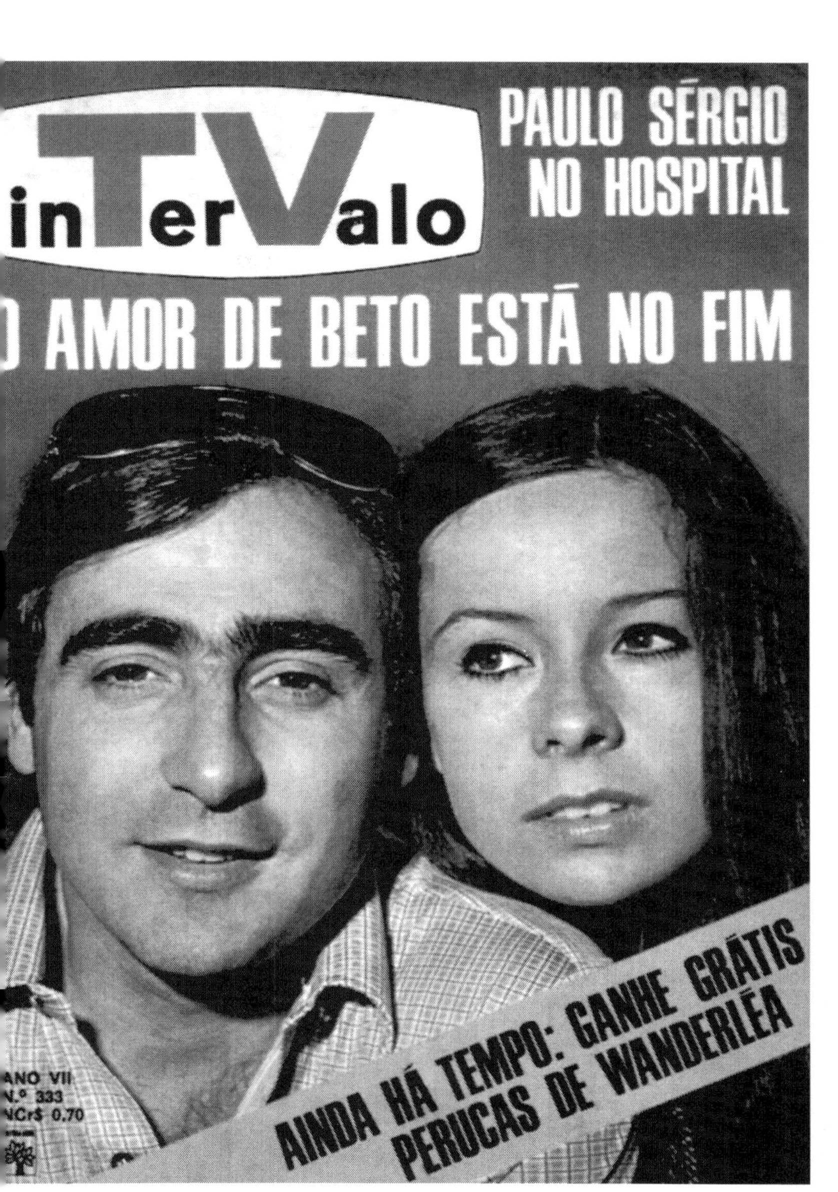

Beto Rockefeller, *com Luiz Gustavo - Revista Intervalo, 1968*

Depois, o autor era o Braulio Pedroso, que deixa muitas saudades por sua grande qualidade artística. E, claro, o diretor era um escândalo, o Lima Duarte. Sem contar com o elenco sensacional. E a história, né, que pegava por este viés inédito de trazer um anti-herói, um personagem que não era bonzinho, era enrolado, culpado, enganava, mas era humano pra caramba! Pra mim esse trabalho foi um divisor de águas na história da dramaturgia na televisão.

Então, pela primeira vez senti a tensão de trabalhar com o meu pai. Pai é sempre mais exigente, porque ele não quer que os outros pensem que porque é filho vai rolar proteção. Enquanto tínhamos que contracenar, a figura do pai não me influenciou, foi normal, não sofri. Depois, com ele dirigindo, é que senti essa pressão.

O Lima é uma dessas pessoas privilegiadas, sua loucura funciona a seu favor, não é uma coisa autodestrutiva, tudo passa pelo filtro do universo dele! O universo dele é uma coisa grandiosa, uma coisa de um talento incrível. Nunca conversamos a respeito de trabalho. Perdi muito tempo tentando impressioná-lo. Mas sempre foi um deslumbre trabalhar com ele, um homem de um talento imensurável. Trabalhar com quem tem talento, com quem é muito bom, é a melhor coisa que pode me acontecer durante um trabalho.

Para se entender como era incrível fazer televisão naquele tempo, como era um campo de gente inteligente, uma ebulição de talentos, pessoas que pensavam, basta dizer que a novela seguinte que eu fiz foi a *João Juca Júnior*, dirigida pelo Walter Avancini e escrita pelo Plínio Marcos.

Nessa época eu já tinha acabado a escola, nem cogitei em fazer faculdade – nem deu tempo, eu já tava muito engrenada no trabalho, já tinha o meu salário. Entrei em *As Bruxas*, novamente com o Avancini, o Carlos Zara codirigia. Era uma novela avançada para a época, da Ivani Ribeiro, que falava de psicanálise, e, bem, estávamos em 1970 e a censura decidiu que o tema era inapropriado. Fomos passados das 20 horas para as 21:30 horas. Acho que não senti tanto quanto os colegas porque um acontecimento revolucionou a minha vida nesse momento.

Eu tinha acabado de fazer *Beto Rockfeller*, que tinha sido um megassucesso, quando o diretor francês Michel Gast, que era dono do maior estúdio de dublagem da França, o SND, estava procurando uma atriz para protagonizar o filme dele, que era a história de uma portuguesa exilada em Paris, perseguida pela Pide (uma espécie de Dops português). E ele veio até o Brasil procurar uma atriz. Pelo que eu soube, amigos dele me indicaram: *chama a Lu do* Beto Rockfeller*, a atriz é a Débora Duarte*. E ele me procurou e eu fiz um teste em português mesmo porque eu nem sabia lhufas de francês. Depois esqueci, voltei pra minha rotina, pra minha novela.

Um belo dia me chega um telegrama dizendo que eu tinha sido escolhida. Mas quem disse que eu queria ir? Eu não queria ir! Eu nunca tinha ido à Europa, eu não falava francês, e eu nunca tinha feito cinema. Foi uma revolta tão grande em todo mundo, uma pressão tão grande, imagina, *tem que fazer, tem que fazer, você não pode não fazer*. Foi um escândalo! Foram na minha casa dizer que eu não podia recusar, que eu não tinha esse direito, que eu tinha que ir. Eu fui.

Fiz o filme em francês, dublei em francês, eu tive oportunidade de ficar lá. E tive dois empresários que se interessaram por mim. Um era de um escritório famoso, e a outra era uma velhota que tinha sido empresária da Brigitte Bardot, cuja filha era a divulgadora do filme.

Os dois me disseram: *você fica aqui dois meses, fica fera no francês, aprende inglês e nós vamos cuidar de você*. Eu vim me embora, eu não queria, nunca quis uma carreira internacional. Nunca me arrependi. Não é o que eu quero da vida, não é o que eu sonho pra mim. Realmente

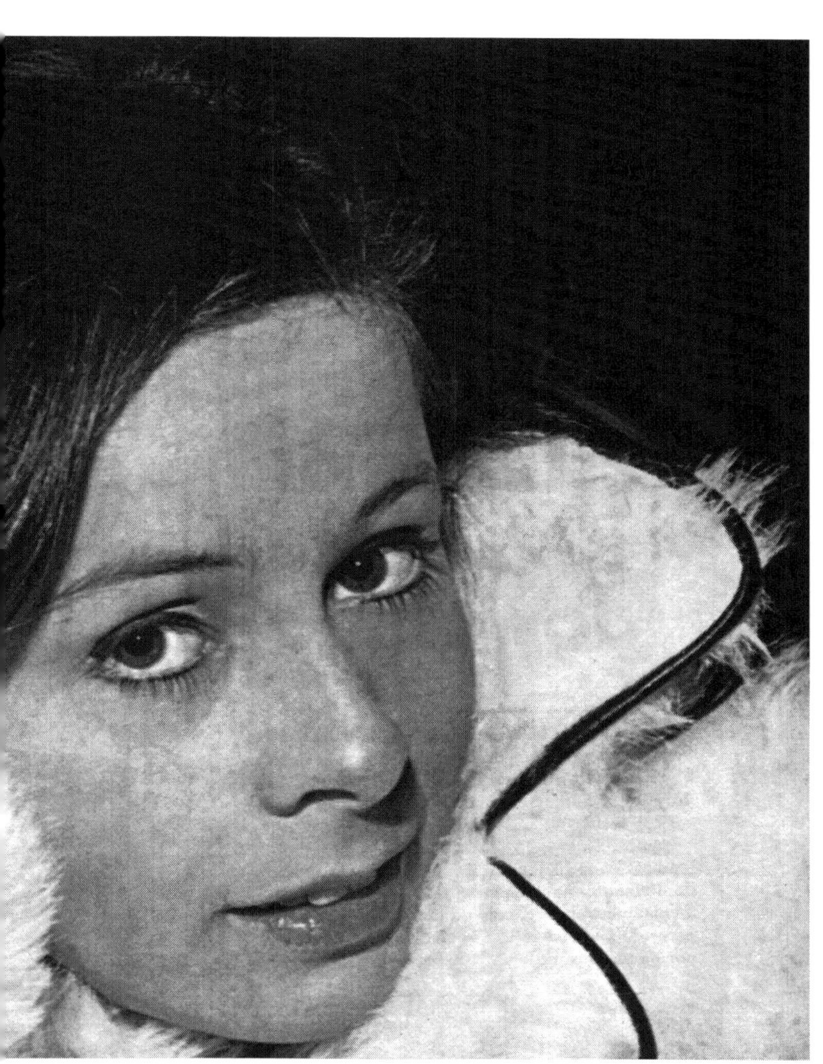

No filme Celeste *- Revista O Cruzeiro, 1970*

eu tive boas oportunidades lá mas não é onde está a minha alma.

Lembro da minha cara na Avenue des Champs Elysées na frente do cinema, vendo meu nome maior que o de todo mundo, vendo uma fotografia minha com modelito Yves Saint Laurent. Aquilo pra mim pareceu muita fantasia, eu tava louca pra voltar pro meu feijão com arroz, pra minha realidade, e nunca me arrependi de não ter ficado.

As filmagens foram ótimas, o Jean Rochefort fazia o meu par e a Lea Massari também estava no elenco. Apesar da língua, eu não tive dificuldades em me adaptar ao cinema, embora as técnicas sejam diferentes, é como se no fundo eu soubesse aquilo, de alguma maneira.

O cinema é um veículo muito particular, a maneira como você se comunica com uma tela enorme, tudo escuro, as pessoas indo ali pra te ver, tem que ter uma intensidade específica para aquele tamanho de arte. O teatro é outra linguagem, a do corpo inteiro; e a televisão então também tem sua especificidade.

O curioso é que eu estava fazendo *As Bruxas* quando fui pra França filmar. O Avancini gravou 40 capítulos adiantados comigo, coisa de 10, 15

Promocional do filme Celeste, do France-Soir, 10/12/1970

SPECTACLES /2

VENDREDI
GEORGE V
MARIVAUX
LATIN
les aventures d'une
bonne portugaise
(MARXISTE-LENINISTE) à Paris
j'ai 22 ans, je suis portugaise marxiste léniniste, je m'appelle Céleste je cherche emploi femme de ménage, préférence monsieur seul
Monsieur seul, quarantaine cherche femme de ménage, présentant bien
Céleste
DEBORA DUARTE • JEAN ROCHEFORT • LEA MASSARI
dans un film de MICHEL GAST
Céleste
LOUIS SAPIN
"SND" JENNY GERARD

dias gravando direto pra eu poder ir filmar em Paris. O elenco foi sensacional. Você imagina todo mundo se dispor a isso? Autor, diretor, elenco, olha que tempos formidáveis!

Depois fiquei quase três meses filmando, aí vim para gravar durante um mês, adiantei novamente as cenas na novela e voltei para Paris pra dublar e pro lançamento. Foi incrível mesmo como todos colaboraram. Havia mais esse espírito de querer ver o outro dar certo. O Tony (Ramos), que fazia o meu par na novela, estava feliz com o meu sucesso. Assim como os outros colegas. A Joana Fomm deu uma entrevista pro jornal *Última Hora*, de São Paulo, me elogiando, dizendo que *o que (ela) deseja mesmo é sentir-se uma guerreira, com capacidade de lutar até contra ela mesmo, se for preciso*. Nessa época, eu já passava essa imagem de mulher forte...

Hoje em dia, eu tenho a impressão que um dos grandes problemas do Brasil é a inveja. A gente aqui neste país tem uma inveja muito burra que me irrita muito porque as pessoas quando invejam, invejam não pra ter o que você tem, mas pra que você não tenha. Com isso sindicato nenhum é forte, nada funciona, porque é burro, né, e nas artes mais ainda.

Foto promocional de Celeste, 1970

Naquela época era tudo muito diferente. A gente ainda tinha esse sentimento de família que eu falei. Não é que eu prefira o passado, tem coisas que eu achava mais gostosas naquela época, e tem outras que eu acho que melhoraram. É difícil ficar comparando porque eu era outra pessoa em 1970. E sou uma a cada dia. Somos todos, né, seres em constante construção.

O que eu sinto falta é da solidariedade, da compaixão, da qualidade humana das pessoas. Isso é uma coisa que me dá nostalgia. Eu conheci outros tempos. Fico imaginando o meu pai e minha mãe, no pós-guerra, que eram mais solidários ainda, era uma época de sonho, de ouro, radicalmente diferente da nossa sociedade atual.

Foto promocional de Celeste, 1970

2151

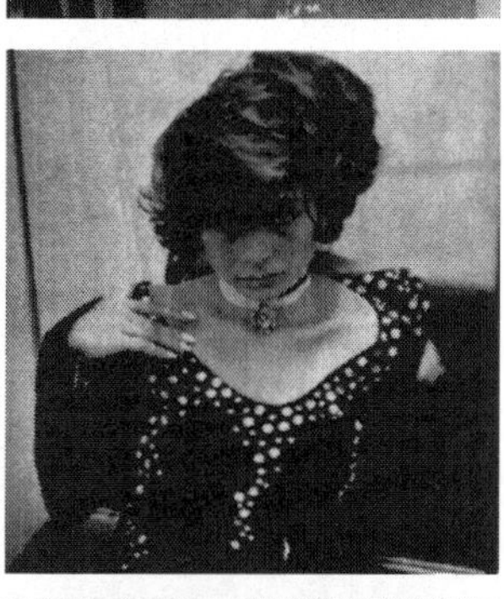

Capítulo II

Atriz, Mãe e Mulher

Em 1971 fiz a minha primeira novela fora da Tupi. A Rede Record estava crescendo, apesar de uma série de incêndios que houve no final da década de 60, e tinha alcançado o segundo lugar. Foi nessa época que o Sílvio Santos entrou como empresário e vários artistas migraram para lá. Os *Trapalhões*, por exemplo, começaram nessa época e se chamavam *Os Insaciáveis*. Também o Golias tinha um programa humorístico. Na verdade, não existia nem de longe essa ideia de pertencer a uma emissora, como é hoje.

Eu fui atuar na novela *Editora Mayo, Bom Dia,* escrita pelo Walter Negrão e dirigida pelo Carlos Manga. Era um história de mistério onde eu contracenava com o Luiz Gustavo. Ao mesmo tempo, estava no teatro fazendo *Dom Chicote*, com o Lourival Paris, no Teatro Anchieta. Uma comédia musical infanto-juvenil dirigida pelo Paulo Lara, contava a história do Dom Chicote e seu fiel companheiro, Zé Chupança. Nesse trabalho eu tive o grande prazer de ser coreografada pela Marilena Ansaldi, uma das maiores bailarinas do Brasil.

Como modelo, jornal Última Hora, *São Paulo, 1970*

Assim que a peça acabou, fui pro Rio contratada pela Globo para a primeira versão do *Bicho do Mato*. Naquela época, quando o contrato era assinado, virava notícia. Era o Boni, pessoalmente, quem ia lá apertar a nossa mão. Aí, passava no Jornal Nacional: *Fulano foi contratado e fará tal novela*, e aparecia a gente com o Boni sorrindo pra câmera. Era um barato!

Como eu nunca tinha ido ao Rio, achei que fosse um outro país, de costumes muito diferentes. Me senti uma caipira. Morei num hotel no bairro do Jardim Botânico, que ficava perto da emissora. Voltei algumas vezes a morar em Sampa, mas foi nesse ano que eu inaugurei essa vida mais mambembe de ir onde está o trabalho.

Depois emendei com *A Patota*, uma delícia de trabalho voltado para o público infantil, escrita pela saudosa Maria Clara Machado e dirigida pelo Reynaldo Boury. Eu fazia uma professora que com o namorado, interpretado pelo Mário Gomes, incentivava as crianças a realizarem o sonho de ir para a África.

No ano seguinte, fiz a última novela em preto e branco do Brasil. Foi *Carinhoso*, um sucesso inesquecível. A abertura era com a música do Pixinguinha e mostrava, pela primeira vez em uma novela, imagens feitas fora do país. Eram *takes*

Bicho do Mato, *estreia na Globo, 1972, com Osmar Prado*

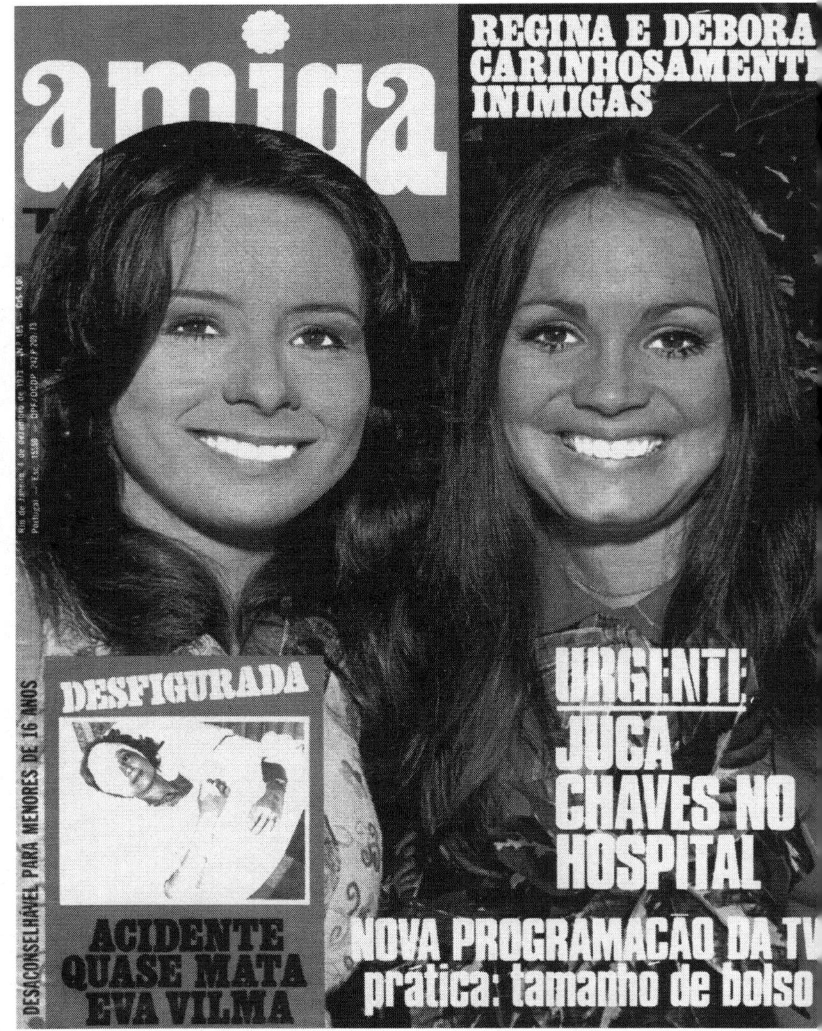

Carinhoso, com Regina Duarte - Revista Amiga, 1973

aéreos de Nova Iorque. A direção era do Daniel Filho e a novela, do Lauro Cesar Muniz. Lembro que quando apareciam aquelas famosas *cenas do próximo capítulo*, um narrador dizia: *Amor, um brinquedo perigoso. O destino brincando e jogando com a gente. Uma mulher a espera de um homem... carinhoso*. Bem romântico!

Também foi em 1973 que eu atuei na peça *A Teoria, na Prática, é Outra*, montada no teatro Princesa Isabel, no Rio de Janeiro. Eu já estava bem mais pro Rio do que pra São Paulo, a essa altura. Foi um grande sucesso, tinha o Pedro Paulo Rangel, um ator absolutamente especial, um dos melhores deste país, que me fazia rir em cena aberta. As piadas no palco eram sempre dentro do contexto da peça, dentro do personagem, ele é tão genial que é capaz de fazer isso, então todo mundo podia rir junto. Foi durante os ensaios que conheci o Gracindo Junior, que viria a ser o pai de minha filha Daniela.

Dani nasceu em 1975, e eu já tinha saído da peça. Na verdade, me separei ainda grávida – foi apenas um namoro. Naquela época foi meio escandaloso, hoje em dia, seria supernormal. Mas saiu na capa de uma revista *Débora Duarte, mãe solteira* e aquela coisa toda. Sinceramente, nunca liguei para isso, apesar de não gostar de expor

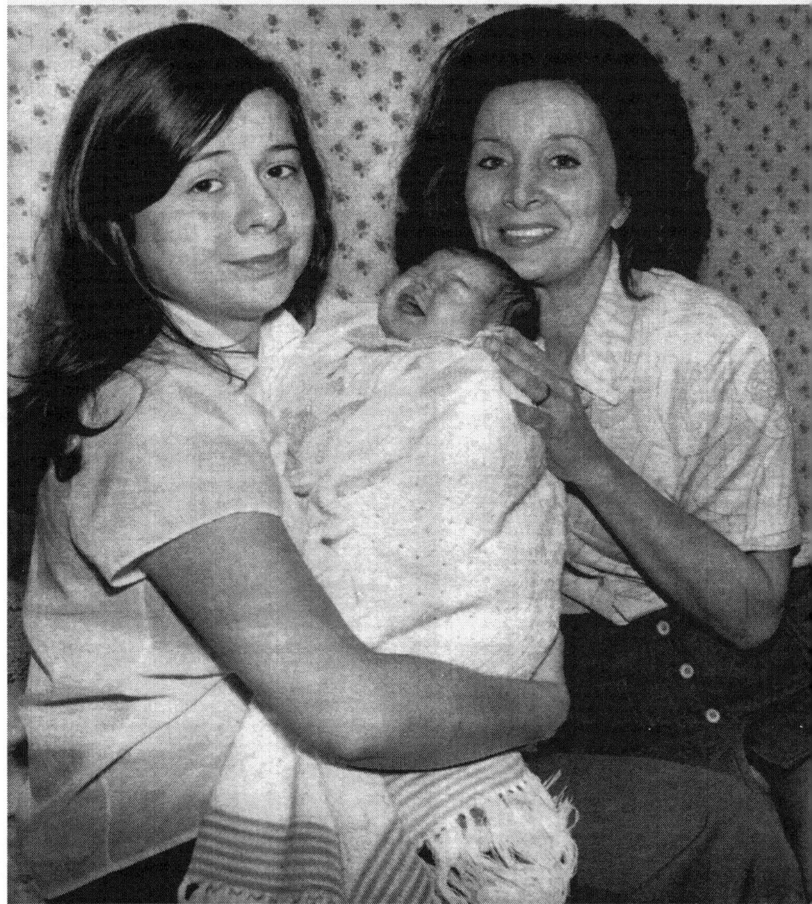

Filha e neta de artista, Daniela já tem o seu futuro previsto p

Débora Duarte, mais gorda dez quilos, não quer saber de outra coisa senão "curtir Daniela". Marisa Sanches, a avó, também está

Nascimento de Daniela, com a mãe - Revista Amiga, 1975

a minha vida pessoal. Apenas entendi que como eu estava inserida na televisão, diariamente, a mídia acabou descobrindo e divulgando coisas muito íntimas.

Quando eu comecei, não havia exposição, e, muito menos, a exposição não fazia o artista maior do que o seu talento. Hoje em dia tá tudo de cabeça pra baixo: o talento já não importa tanto, o valor do trabalho também não existe como antes.

Na ocasião da gravidez, como eu já escrevia bastante poesia, fiz este poema para a Dani:

Fico te olhando entre espanto e medo,
me irrito e enterneço ante tua dependência passiva,
você que ainda não me olha já grita na minha barriga, me transforma,
eu te observo no meu corpo e eu me pergunto se já reclamas mais espaço,
no meu pescoço um laço, ai eu não quero te tratar como um prêmio,
nem te oferecer em sacrifício nem te fazer produto de um vício de amor,
porque eu te pressinto na insônia, na taquicardia, eu quase te ouço respirar,
transpiro louca, tento te adivinhar,
que você pulsa no meu sangue como peixe pula no mar,

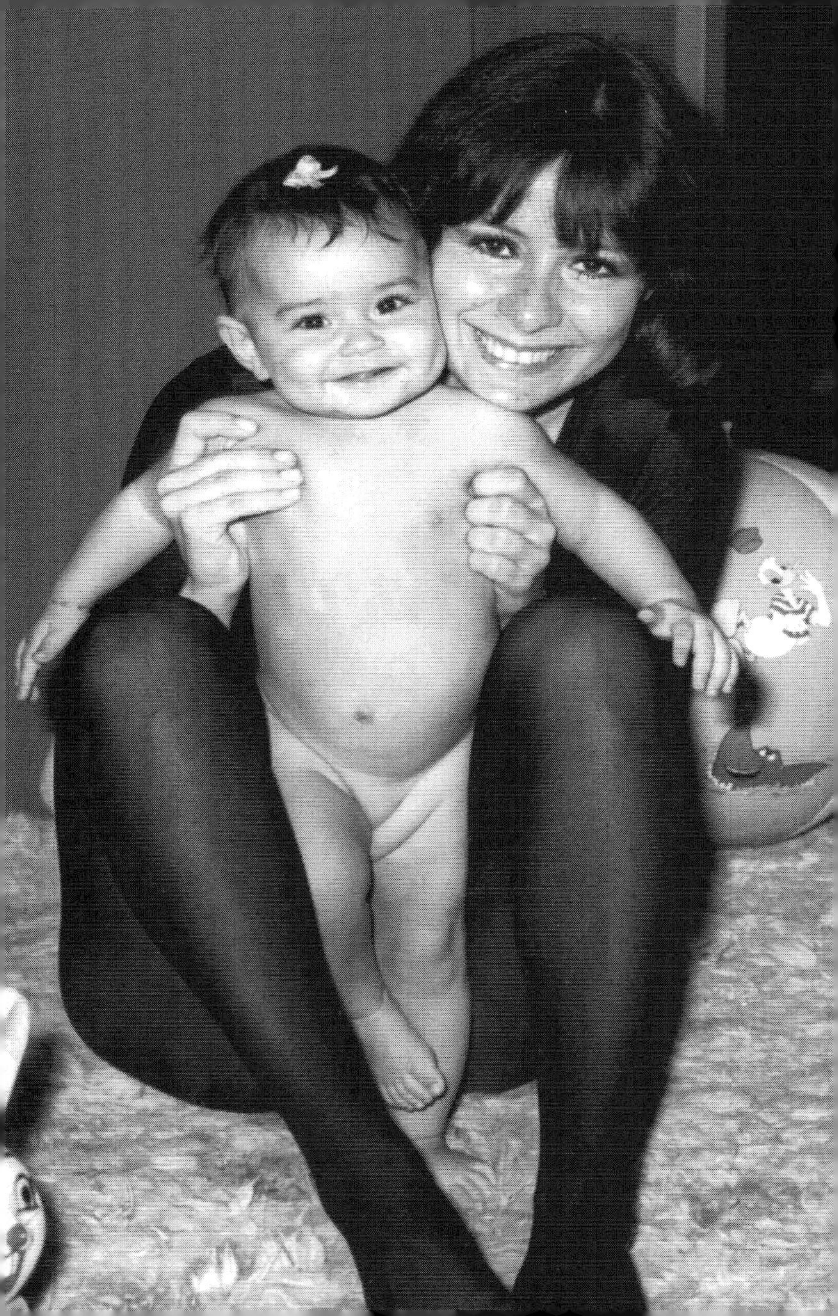

eu te desejo, eu tenho medo do poder de te matar,
teu grito acorda as noites, que se embaralham nos nós das redes,
eu puxo feroz contra as marés a ver,
se agarro duas estrelas, te ofereço, e te enfeito os pés.

Bem, mas pulei no tempo, porque estava falando da peça *A Teoria, na Prática, é Outra*. Com a peça, em 1974, filmei meu segundo longa, *Pontal da Solidão*, dirigido pelo Alberto Ruschel. A história era do Lima Barreto e filmamos em Torres, no Rio Grande do Sul. Por algum motivo inexplicável, daqueles recorrentes no cinema nacional, o filme nunca foi lançado. Para mim foi um baque, porque queria muito ter visto o resultado daquele trabalho.

Ainda nesse ano fiz *O Espigão*, novela do Dias Gomes com direção do Régis Cardoso. Foi a última novela das dez da Rede Globo, depois a horário foi enterrado para a teledramaturgia diária. Foi um enorme sucesso, falava de coisas pós-modernas, como a ecologia, a inseminação artificial – coisas realmente impensáveis naquela época.

A história era incrível: uma construtora queria erguer um hotel de cinquenta andares com piscina e rampa de acesso privativa para cada um dos andares... mas o terreno pertencia aos irmãos Ca-

Com a filha Daniela, 1975

O Espigão, *com Dorinha Durval - Revista Amiga, 1974*

mará, que discordavam sobre a sua venda – cada um por um motivo mais louco. Uma das irmãs, vivida pela Suzana Vieira, não queria vender a casa porque criava 25 vira-latas lá. Outro irmão, interpretado pelo Ary Fontoura, que era professor de ecologia, protestava contra a devastação da área verde da cidade. Isso, em 1974!

A primeira cena da novela era um congestionamento de *réveillon*, no Túnel Rebouças, onde a minha personagem, Dora, não conseguia chegar a tempo de parir no hospital, e dava à luz o filho lá mesmo, naquele cenário caótico. Foi uma cena muito grandiosa e emocionante.

Ainda fiz uma participação antes do nascimento da Dani, já de barrigão, no primeiro capítulo da *Escalada*, que foi considerada por muitos a obra-prima do Dias Gomes. Foi uma novela bem grande para os padrões, teve quase 200 capítulos, e contava a saga de Antonio Dias, vivido pelo Tarcísio Meira. Acredito que essa época foi de muitas mudanças e de fortalecimento para a televisão brasileira: os equipamentos estavam cada vez mais modernos, já era possível fazer tomadas externas, inserir efeitos especiais e trabalhar em cores.

Em 75, eu tinha 25 anos e mais de 25 novelas e participações no currículo. E o nascimento da

O Espigão, *com Milton Moraes - TV Globo, 1974*

Elenco de O Espigão, com Dias Gomes - TV Globo, 1974

Dani me deu mais força para seguir trabalhando. Na verdade, ficar sem trabalho é que sempre foi um problema para mim. Por isso, Dani nasceu dia 1° de junho, e dia 24 de novembro eu já estava estreando em *Pecado Capital*, um trabalho absolutamente delicioso.

A novela de Janete Clair entrou de última hora no lugar de *Roque Santeiro*, do Dias Gomes (então marido da Janete), vetada pela censura. Tudo foi feito em caráter de urgência, a Rede Globo exibiu um compacto, Janete mandou a sinopse, que foi aprovada pelos censores, e a emissora começou a produzir.

Daniel Filho mergulhou de cabeça no trabalho de direção, ele exigia muito de mim, acho que ele entendia que eu fazia tudo com muita facilidade e ele não queria nenhuma carta na manga, nenhum truque de colete. Ele queria coisas novas, e as buscava dentro de mim. Então foi instigante, foi agradável, foi criativo.

Era uma novela diferente da Janete, ela tinha mudado de estilo, deixado para trás aquela coisa mais fantasiosa e caído direto no realismo. A trama girava em torno do taxista Carlão (Francisco Cuoco), que encontrava uma mala de dinheiro deixada por um assaltante em seu táxi. Após passar um dilema sobre o que fazer com o

dinheiro, Carlão acabava usando a grana para resolver a sua vida, ajudar o pai, e ascender de classe social. Paralelamente, havia a trama de Salviano Lisboa, interpretado pelo Lima, um viúvo solitário com seus filhos. Eu interpretava um dos filhos, a Vilminha Lisboa, personagem absolutamente memorável e deliciosa.

Na verdade, eu tinha feito muita força para arrancar meu pai da TV Tupi e ir para a Rede Globo. Ele e minha mãe já estavam separados, mas ele resistia em ficar por lá, e a era de ouro da Tupi tinha passado, o negócio era a Globo. Ele foi, fez algumas novelas, e recebemos este presente de atuarmos juntos.

Foi engraçado, ele achava que estava parecido com o Sean Connery (que, na época, estava estourando com o 007), e eu fazia a Vilminha, uma maluquete que andava pelos telhados, e falava com lesmas. Bem, isso tudo bem, eu falo até hoje com os móveis da minha casa, mas andar em telhado foi duro pra mim porque eu tenho medo de altura!

Eu fazia par com o Dênis Carvalho e fui capa de várias revistas, o casal "pegou", foi uma experiência bem forte. Saiu um artigo da Isa Cambará na Folha Ilustrada dizendo: *Ela não é uma superestrela, não a agarram na rua nem rasgam sua roupa. Ao su-*

Pecado Capital - *TV Globo, 1975*

Pecado Capital, *com Denis Carvalho - Revista Amiga, 1976*

cesso prefere o prestígio que é mais seguro. A vilã de Pecado Capital *tem experiência suficiente pra saber o que lhe convém*. Achei a colocação muito exata. Eu nunca tive isso de ser estrela – e nunca quis isso. Queria trabalhar, ser artista, sentir, me anestesiar com as personagens.

Alguns diziam que a Vilminha era esquizofrênica, mas eu sei que ela não chegava a ser esquizofrênica. Outros, que era vilã, como na crítica acima. Para mim ela era rebelde e difícil, que é diferente de esquizofrênica ou vilã.

Muitos anos depois eu tive a satisfação de ver Vilminha interpretada pela Paloma num *remake* da novela. Foi uma delícia. Eu acho a Paloma uma atriz muito boa, muito interessante mesmo, eu gosto de assisti-la trabalhar, eu gosto, ela é uma atriz que me instiga, acho que ela ainda vai fazer muita coisa boa. Claro, era outra Vilminha, esse *remake* não foi muito fiel, então as nossas Vilminhas eram diferentes, mas foi um experiência interessante para ambas.

Voltando à minha novela, *Pecado* Capital, foi uma obra bem comprida, teve 167 capítulos, e, quando acabou, no meio do ano de 76, eu fui atuar numa peça do Alcione Araújo: *Vagas para Moças de Fino Trato*. A direção era do Amir Haddad, que eu acho um gênio, um mestre. Entrei para

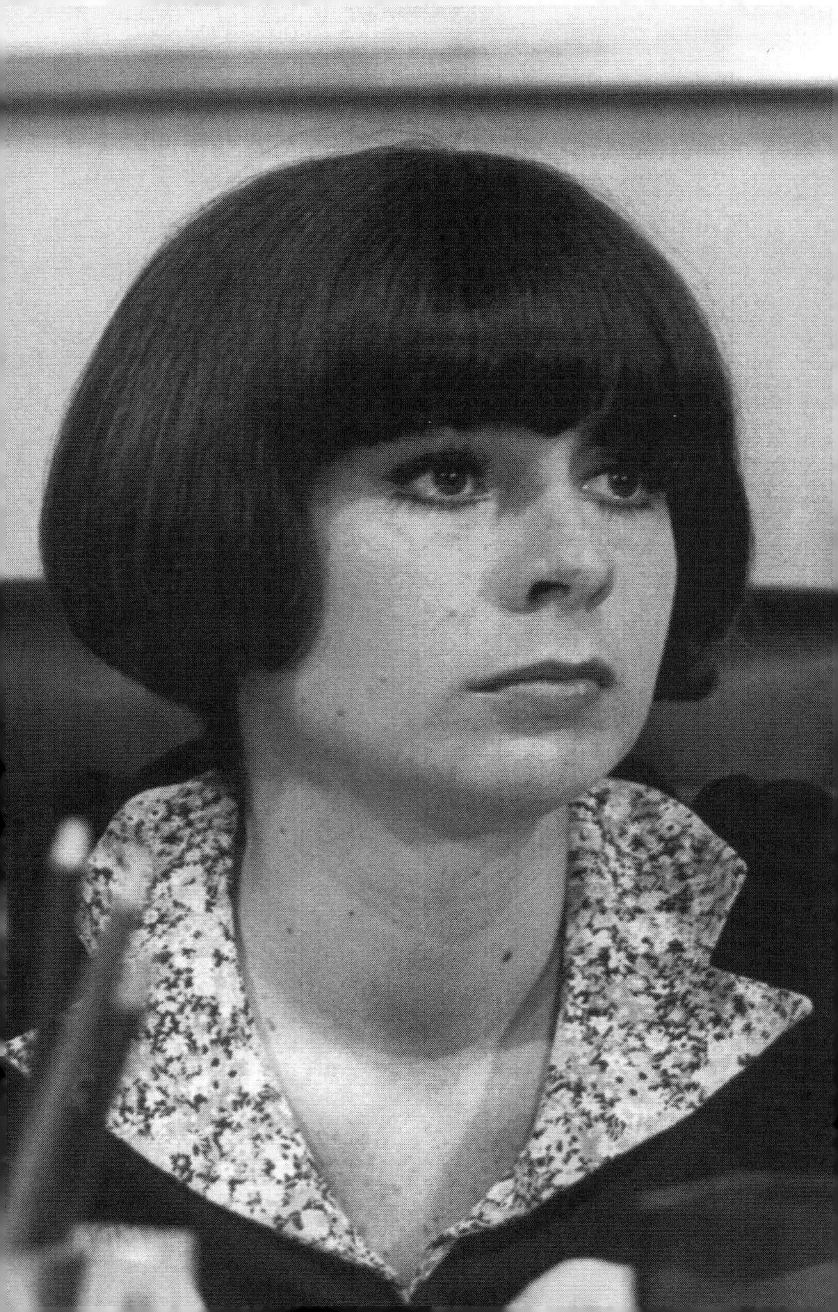

fazer a substituição da Renata Sorrah, um barato. Eu contracenava com a Yoná Magalhães e a Maria Fernanda. A peça foi remontada várias vezes é um supersucesso até hoje. Depois rodaram o filme. O texto é muito atemporal, porque fala dos traumas causados pelos relacionamentos amorosos na vida de três mulheres... coisa que nunca sai de voga, né?!

Voltei para São Paulo por um período, com a Dani debaixo dos braços. Eu estava namorando o Toninho (Antonio Marcos) e engravidei da Paloma, que nasceu 21 de junho de 1977. A mídia explorou bem o assunto, o que me deixou chateada, mas, enfim, pelo Toninho ter uma veia mais popular também se falava bastante. A gente nunca posou para nada. O que saiu, saiu porque saiu.

Um pouco antes dela nascer o Boni me escalou pra fazer *Escrava Isaura*, mas eu já estava grávida da Paloma e o Toninho não podia mudar de SP, aí eu acabei não fazendo pra ficar em SP até o nascimento dela.

Meses depois do seu nascimento, a Tupi me chamou para fazer *O Profeta*. Acho que foi um dos últimos grandes sucessos da emissora, que já estava com problemas financeiros e sofrendo com a pressão que a Globo vinha fazendo. Eu me

Pecado Capital - *TV Globo, 1975 (f: Cedoc TV Globo)*

PARA VAGAS

DE MOÇAS

NO ATO

EIRA 650, trivial lava, EMPREGAD
peças peq. maq. capricho. 19 às 22 h
T. 26-4907 [illegible] Inacio Pes- [illegible] avor, atr
14 ap. 605 [illegible] Lagoa. [illegible] opacaban
ESTRANGEI[illegible]O — Precisa [illegible]
ira trivial [illegible] ariado com [illegible]
cias. Ord. [illegible] Av [illegible] OÇA
bana, 583/ [illegible]
ADA [illegible] servic [illegible]
am. não [illegible] empr. [illegible] Rau
R. Saint H [illegible] Bo [illegible] MOTORISTA
cozinhe b [illegible] l. Ida
ADA p [illegible] s de
e [illegible] cumen [illegible] as 20. T
[illegible] S. C [illegible] CINHA
Te. 246-2907 [illegible] rma no
ADA [illegible] Preciso [illegible] m cozin
[illegible] p [illegible] m. os 4 [illegible] 7/404.
[illegible] n [illegible] emprego. [illegible] m.
R. [illegible] Ferreira, MOTORISTA
Copac [illegible] Tratar do. [illegible] o tratam
[illegible] a profi
ADA 23 Moça morando [illegible] referências.

Na peça Vagas para Moças de Fino Trato, *1976, com Yoná Magalhães e Maria Fernanda*

VAGAS PARA MOÇAS DE FINO TRATO

De Alcyone Araujo

YONÁ MAGALHÃES
MARIA FERNANDA
DÉBORA DUARTE

Direção: AMIR HADDAD

Cenários e Figurinos .... MAURICIO SETTE
Assistente de Direção .... HAYLTON FARIA
Direção de Cena e Sonoplastia .... CHICO LIVIO

Fotografias .... DAVID DREW ZINGG
Studio Plug

Programação Visual
Editoria do Programa .... ELDA PRIAMI
ROBERTO NICOLAU

Promoção Geral .... ELDA PRIAMI
NORMA THIRÉ

Produção Executiva .... EDGARD GURGEL ARANHA

Administração .... SÉRGIO DE OLIVEIRA

UMA PRODUÇÃO: TARCISIO MEIRA E GLORIA MENEZES

orgulho muito de ter participado deste último momento de glória da emissora que começou tudo...

O Profeta foi uma delícia. A Ivani Ribeiro foi uma das grandes escritoras de novelas, então ela escrevia em cima do que a gente estava fazendo, bem aberta, um processo bem prazeroso porque a gente contribuía efetivamente e tinha resposta rápida. Ela respondia na mesma semana e como o elenco era muito bom, as coisas transpareciam. Tinha Cláudio Correa e Castro, Irene Ravache, o Carlos Augusto Strazzer, que fazia o próprio Profeta.

A minha personagem, a Carola, era o patinho feio que depois vira o cisne. No começo da novela ela ainda era gordinha e revoltada com o mundo. Foi um personagem com quem eu tive muito jogo. Eu inventei sons próprios dela, eu consegui estabelecer com o público um código de cumplicidade através dos sinais que ela dava que ia aprontar. E isso funcionava muito bem porque fazia as pessoas ficarem pregadas na novela, com o olho na tela, pra poder sacar o que ia pintar.

Um dia eu estava ensaiando, e veio do inconsciente uma coisa, tipo uma marca, antes da Carola aprontar (ela aprontava muito): *Chu chururu*, aí começou a vir um som, um código, e aí foram

Revista Amiga, 1976

gumas hipóteses

BASTIDORES

- Carlos Augusto Strazzer acha que o seu personagem, Daniel, sofreu uma derrota com o casamento de Sônia e Heitor. "Ele lutou o quanto pôde para conquistar a mulher que pensou que seria sua."

- John Herbert, ao contrário, garante que este casamento deu mais força, ainda, ao seu personagem. "Heitor tem sido para mim um dos melhores trabalhos dos últimos tempos."

- Há quem diga que Daniel também não ficará com Carola, como a maioria deseja. Alfredo (Paulo Figueiredo) vai tomar algumas aulas de inglês com Carola e já se começa a comentar que os dois acabarão se apaixonando.

O Profeta, com Carlos Augusto Strazzer - Revista Amiga, 1978

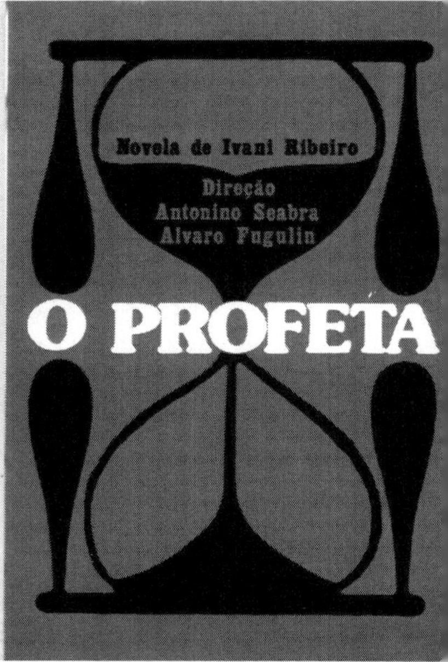

O Profeta - *TV Tupi, 1977*

aparecendo coisas cada vez que ela ia aprontar, ou que ela ficava muito triste: uma musiquinha ou um som bem característico dela.

Em 1978 fui convidada a fazer um filme, *A Dama do Lotação*, do Neville de Almeida. Mas quem me conhece sabe que eu sou uma pessoa muito tímida. Li aquele roteiro, imagina que eu ia conseguir fazer! Recusei, claro. Fiquei cuidando da minha vida, *O Profeta* tinha acabado em abril daquele mesmo ano, e tirei um tempo para a família. Foi uma das pequenas pausas que fiz, imagina, eu que emendava uma coisa na outra, sem ter tempo para pensar em mim, na minha vida... segui morando em São Paulo, e não demorou muito, fui para a Bandeirantes.

Acho que como a Tupi estava dando sinais de fraqueza, e a Globo estava assumindo a liderança, a Bandeirantes resolveu investir pesado em dramaturgia – coisa que nunca havia sido a praia deles. Reuniu o maior elenco: Fernanda Montenegro, Nathalia Thimberg, Fulvio Stefanini, Rolando Boldrin, Luiz Gustavo, Edson França, Antonio Marcos, Taumaturgo Ferreira, entre outros.

Juntar esses feras foi obra do Guga, irmão do Boni, que era o diretor artístico da Bandeirantes. Uma pessoa muito querida, muito amada por todos nós. O elenco vestiu a camisa, o autor era o Vicente Sesso, grande noveleiro. Nós fizemos um sucesso absurdo. Onde antes dava 4 pontos de audiência, nós tivemos 23. Foi um acontecimento essa novela.

A trama também era bastante forte: a história de Ingrid (Fernanda Montenegro), que tivera um filho num campo de concentração sem condições para criá-lo. Ela virava milionária e vinha para o Brasil atrás dele, anos depois. Eu fazia o papel da Regina, uma rica já decadente que se casava por dinheiro com um fazendeiro.

Uma revista resolveu fazer uma matéria comigo e com a Fernanda (Montenegro), que para mim é uma atriz de um talento quase sagrado, e fiquei lisonjeada com um baita elogio que ela me fez. Dizia ela: *Eu lembro de Débora desde que estive em São Paulo, por volta de 67, e vi o rosto dela na televisão. Tinha uma tal integridade e uma tal interação com as coisas que estava fazendo, que prendia. Isto, na televisão, é difícil. É comum perceber-se uma espécie de nevoa no olhar do ator que está representando. Um tipo de cortina que dá a impressão de que ele está olhando, mas não está. Ele está se neutralizando dentro de sua memória para passar o seu texto e se livrar logo porque depois vai ter um outro texto. É um processo mais de memória do que, propriamente, de interpretação. No caso de Débora, não vi aquela névoa que sempre me incomodou muito. Essa inteligência de se colocar no trabalho foi o que me levou a seguir a Débora na televisão. Sempre que ela está no elenco procuro vê-la porque ela é um elemento extremamente rico.*

Capítulo III

Anos 80: Uma Década de Personagens Inesquecíveis

Meu período em São Paulo encerrou-se, voltei para o Rio de Janeiro para atuar em *Coração Alado,* que foi uma novela fortíssima da Rede Globo, bem *sui generis* para a época, que ainda contava com a censura do governo militar. A Janete Clair escreveu essa novela que eu acho que era uma espécie de maneira de passar o recado: o clima no Brasil tava péssimo, tínhamos passado toda a década de 70 e grande parte da de 60 naquele clima de repressão horrível – mesmo para quem não levantava bandeira alguma. Então, ao desabrochar dos anos 80 a gente queria um pouco de leveza, né, mas nem nas artes era possível expressar isso por causa da censura. Ela escreveu uma novela triste, acho, os personagens eram um pouco depressivos, sabe, *down* como a gente chamava na época.

A Catucha, minha personagem, fez a primeira cena de masturbação feminina da televisão brasileira. Me lembro bem do dia, era uma cena dessas muito chatas, sabe quando você tem que falar alto o que você está pensando? Então a cena era ela imaginando o cara de quem ela

Coração Alado, *com Vera Fischer - Revista Amiga, 1980*

gostava (interpretado pelo Tarcísio Meira), na prisão. Aí o Roberto Talma, grande diretor, falou assim: *Vamos inventar com isso, vamos fazer ela se masturbando, tendo um gozo com isso?* Eu falei: *Vamos!*

A cena era em *close*, o tesão no olhar e os pés meio que se contorcendo, apenas isso. E deu tão certo, que causou um buchicho. No dia seguinte, o Talma e eu quase fomos mandados embora! As senhoras católicas do Brasil todo escreveram, ficaram iradíssimas, a gente recebeu um memorando de bronca e tudo mais.

Foi sem dúvida uma novela muito forte, lembro que o personagem do Ney Latorraca estuprava o da Vera Fischer, o que também foi um bafafá. Acho que a década de 80 começou mesmo quebrando essas barreiras e levando para a televisão mais realismo, talvez até inaugurando um espaço para uma maior discussão social. A ficção foi, aos poucos, começando a se descolar do fantasioso e tendendo mais para o social – claro, sempre houve e haverá espaço para o lúdico.

Em 81 fiz *Jogo da Vida*, em que eu era uma professora de inglês, Beatriz Madureira. A novela era uma comédia deliciosa, dessas que o Sílvio de Abreu deu aos telespectadores, muito bem-humorada, com direção do Talma e do Jorginho

Jogo da Vida, *com as filhas - Revista Amiga, 1982*

Débora Duarte com Daniela e Paloma, as filhas.

Fernando. Imagina que delícia! Eu, vindo daquele drama, aquele personagem pesado, fiquei muito feliz de entrar numa comédia, coisa que eu adoro e, modéstia à parte, sei fazer – porque me divirto. Pra comédia ficar boa, o ator tem que se divertir fazendo.

Quando descobri que faria parte do núcleo trágico e que a minha personagem iria se suicidar, fiquei bem decepcionada. Queria aproveitar aquela baita oportunidade de fazer comédia, mas fui escalada para o núcleo deprê! Não posso reclamar, Beatriz Madureira foi um papel muito bonito, legal, mas eu estava precisando de um pouco de gargalhada na vida.

Também voltei a fazer teatro esse ano, era uma peça chamada *Quem é Amélia,* direção do Antônio Pedro, com o Anselmo Vasconcelos, o Eduardo Conde, a Maria Zilda, a Rosita Tomás Lopes e o Nelson Dantas. Foi uma comédia de sucesso que a gente fez lá no Teatro Princesa Isabel.

Em seguida fiz uma participação na novela *Elas por Elas,* do Cassiano Gabus Mendes. Era aquela novela onde o Luiz Gustavo fazia o Mário Fofoca, personagem inesquecível.

E depois veio *Parabéns Pra Você,* se não me engano, a primeira minissérie que eu fiz, talvez tenha sido uma das primeiras a serem realizadas. Era uma história simples e forte, naquela nova onda mais social... as coisas estavam pipocando na telinha da televisão, seja a violência, as consequências da sociedade moderna ou a dissolução das famílias tal como elas eram entendidas antigamente.

O texto era do Bráulio Pedroso e contava a história de um homem, vivido pelo Daniel Filho, que entrava na famosa crise dos 40. Sua mulher, a Maria Rita (eu), que era jornalista, resolvia fazer um programa de televisão com a crise dele. Então, eu narrava e costurava todas as cenas, além de entrevistar personalidades reais para o tal programa fictício, como o Gilberto Gil, Henfil, Marina Colassanti; e pessoas anônimas, como motoristas de táxi, prostitutas e outros. Foi um trabalho muito interessante e diferente, neste sentido de ter uma interatividade com o mundo real.

Enquanto isso, eu estava namorando o produtor Ricardo Biso, e lembro que foi uma época muito tranquila, as meninas já estavam crescidinhas, e eu tinha vindo de uma separação difícil (qual separação não é difícil?!). Então, elas fizeram uma cerimônia-surpresa para mim, simbolizando o casamento. Jogaram flores, arroz e, sobretudo, ficaram felizes por me verem feliz. Elas sempre torceram por mim, me apoiaram e participaram da minha vida trazendo muitas felicidades.

Também nessa época entrei em *Doce Deleite*, um espetáculo que tinha estreado em 1981 com a Marília Pêra e o Marcos Nanini. O texto, muito bem-humorado, era composto por esquetes do Alcione Araújo, Vicente Pereira e Mauro Rasi, e a direção era do próprio Alcione. Já haviam passado pelo papel, além da Marília, a Regina Casé e a Bia Nunes. Então, peguei um espetáculo muito maduro, e com o Nanini foi delicioso compartilhar o palco e aqueles personagens todos que fazíamos, trocando de roupa o tempo todo na frente da plateia – sem ficar pelados, claro!

O ano de 1984 entrou e eu fui rodar a minissérie *Padre Cícero* na caatinga, no interior de Alagoas, numa cidade chamada Santa Brígida. Uma loucura, a gente ia para as locações, que ficavam na Bahia ou em Pernambuco, debaixo daquele sol de verão, com roupas pesadas – enfim, um daqueles trabalhos onde se perde peso mesmo!

Contar a vida do Padre Cícero já era forte o suficiente para mim: um homem que, em 1872, transformou a pequena Juazeiro na terceira cidade do Ceará após um suposto milagre. Claro que ele também teve um papel político-social muito forte: ele ensinou ao povo local o cultivo da mandioca e do mandacaru, o que fez o povoado crescer e ganhar destaque. Fora isso, ele virou um mito, tendo tido escolta até do povo do Lampião.

Na peça Doce Deleite, *1983, com Marco Nanini*

Não bastasse isso, eu fazia uma beata, Maria de Araújo, que realizou um milagre histórico em 1889 quando, após uma comunhão oficiada pelo próprio Padre Cícero, recebeu a hóstia e a transformou em sangue, dentro da boca, à vista de todos. Momentos depois, conta a lenda que chagas apareceram em seu corpo, misteriosamente, para se fecharem sozinhas. Ela também tinha suor de sangue, entre outros sintomas que foram atestados por diferentes médicos como sem explicação. Parece que esse milagre repetiu-se durante anos, e às vezes a hóstia virava uma espécie de carne em forma de coração.

Milagres à parte, estava eu, vestida de preto naquele calor, com uma otite insuportável, e era o dia de gravar o tal do milagre. Os figurantes e moradores da cidade estavam todos a postos para a gravação desta cena, quando o Stênio Garcia, que fazia o padre, colocou a hóstia na minha boca. E, no meio do sertão, naquele exato momento, desabou a chover!

O povo enlouqueceu, gritavam *Minha santinha! Santinha!*, e começaram a me agarrar, beijar minhas mãos, ajoelhar... acreditando que esta coincidência era um milagre da Santinha que fazia chover! Foi incrível, uma emoção indescritível. Claro que passei um aperto, todo mundo queria me tocar, não pudemos continuar com as gravações naquele momento, mas também foi tão mágico... tão emocionante!

Além disso, foi um trabalho muito bonito, era um personagem do caramba e eu senti que fiz bem. É gostoso quando você sabe que tá fazendo legal, né, parece que dá uma segurança reconfortante.

Aliás, profissionalmente o ano de 84 foi extremamente especial. Todos os trabalhos foram marcantes. Mas a Angelina Gattai, de *Anarquistas, Graças a Deus*, foi mais do que isso, foi talvez o personagem mais importante de minha vida, até agora. Como eu apanhei nesse trabalho, como foi forte, uma paixão violenta!

Tem alguns personagens que vêm na jugular dos atores e aí levam tudo que a gente tem, tudo que já vivemos, as coisas todas que aprendemos, toda a sarjeta e todo o paraíso. Agora tem aqueles personagens que doam coisas, que te dão tudo, são experiências muito fortes que, no início do processo, causam uma espécie de pânico.

O *Anarquistas* era uma minissérie autobiográfica da Zélia Gattai que retratava sua infância como imigrante italiana quando chegou ao Brasil nas décadas de 10 e 20, vivendo na colônia Santa Cecília, reduto anarquista.

ANARCHISTS, (THANK GOD)

- Number of episodes: 9
- Average length of each episode: 46'

Complementary specifications:

- Versions in Portuguese, Spanis and English (subtitle)
- System for delivery: NTSC
- Other systems: delivery dates to be arranged on request
- Immediate delivery in 2-inch VT and ¾ - inch VC

ANARQUISTAS GRACIAS A DIOS

- Cantidad de capítulos: 9
- Tiempo medio por capítulo: 46'

Especificaciones complementarias

- Versiones en Portugués, Españo e Inglés (subtítulo)
- Sistema para entrega: NTSC
- Otros sistemas: con plazo a convenir
- Entrega inmediata en VT 2" y VC ¾"

ANARCHICI, GRAZIE A DIO

- 9 capitoli di circa 46' l'uno

Disponibilità:

- Versioni in Portoghese, Spagnolo e Inglese (sottotitoli)
- Sistema: NTSC
- Altri sistemi: con data di consegna da stabilire
- Consegna immediata in VT 2" e VC ¾"

ANARCHISTES, GRÂCE À DIEU

- Quantité de chapitres: 9
- Temps moyen par chapitre: 46'

Spécifications complémentaires:

- Versions en portugais espagnol et en anglais (Sous-titre)
- Système pour livraison: NTSC
- Autres systèmes: avec délai de livraison à combiner
- Livraison immédiate en VT 2" et VC ¾"

Technical Credits

Writer..................... Zélia Gattai
Adaptation.... Walter George Durst
Director............. Walter Avancini

Cast and Characters

Ney Latorraca........ Ernesto Gattai
Débora Duarte..... Angelina Gattai
Daniele Rodrigues...... Zélia Gattai
Marcos Frota............ Remo Gattai
Christiane Rando..... Wanda Gattai
Lilian Vizzacchero...... Vera Gattai

Anarquistas Graças a Deus - *TV Globo, 1984*

Quando eu fui escalada para fazer a Angelina, mãe da Zélia, eu falei pro Avancini, que era o diretor: *Eu não sei fazer essa mulher!* Estava com medo daquela personagem tão forte. Aí eu fui conhecer quem era a Angelina: uma matriarca, uma mulher linda, com uma história de amor e um casamento de laços profundos. Depois, ela criou um monte de filhos, e todos chegaram aqui no Brasil pra começar do zero, e eram anarquistas.

Bem, até aí eu sabia que podia estudar, mas a força que ela tinha, a doação dela, a segurança dela eu tive que aprender a conhecer. Então eu me perguntava: *como fazer essa mulher, meu Deus, que carrega consigo coisas que eu ainda tenho que aprender?* A resposta veio da maneira mais linda possível: a Angelina foi me ensinando. Tenho certeza de que ela veio na minha vida para me ensinar, e as coisas que aprendi com ela eu levo comigo para sempre.

Tive facilidade em estudar o sotaque Vêneto. Tinham contratado uma professora de prosódia para ajudar a mim e ao Ney Latorraca. Eu, que sou paulista, tenho aquele sotaque da Mooca, ítalo-paulistano, que mistura "cazzo" com "meu". Mas o sotaque da Angelina não era esse, era aquele de quem tem uma batata dentro da boca.

Aí, no primeiro dia de gravação, quando eu estava com o sotaque todo pronto, o Avancini falou assim: *Débora, eu quero o sotaque no olho. No olho?*, pensei, meio em desespero, mas foi então que a Angelina rapidamente começou a me alimentar, eu comecei a fazer e ela foi nascendo junto com o sotaque.

Isso funciona sobretudo em personagens de alma inteira, que não estão destruídos pela cultura. Fica mais fácil, mais evidente, porque ela tá ali inteira pra você. E aí você começa a perceber o coração e a cabeça dela, e sabe que quando ela fala isso ou aquilo qual o pensamento que vem depois.

Enfim, Angelina me agarrou e eu agarrei ela. E o Avancini, foi muito bom trabalhar com esse grande diretor. A gente gravava em Joanópolis (SP), uma cidade que nasceu com uma nuvenzinha em cima, como chovia!

Eu contracenei com o Gianni Ratto, que fazia o Nono, e com o Ney Latorraca, que fazia o patriarca, Ernesto Gattai. Foi um dos maiores presentes que eu ganhei na minha vida, enquanto aprendizado de atriz, enquanto delícia de exercer aquele personagem.

A Zélia me mandou um telegrama mais ou menos assim: *Débora, eu fiquei chateada quando soube que era você que ia fazer a minha mãe porque, apesar de te achar uma grande atriz, você é muito diferente da minha mãe. Pensei, "que pena!", mas quando assisti, foi um espanto. Eu quero agradecer por você ter trazido a minha mãe de volta, Débora. Porque cacoetes que só eu sabia que ela tinha você teve, e eu fiquei arrepiada. Eu fiquei arrepiada*. Nossa, quem ficou arrepiada fui eu, após ler tais palavras.

Como eu já disse, quando a Angelina "desceu", ela veio por inteira, farta, generosa, me dando tudo o que eu precisava. Eu me peguei inventando palavras em português a troco do sotaque que foi uma coisa que fluiu em mim. É um dos personagens pelo qual eu mais tenho gratidão.

Entre tantas outras coisas que a Angelina trouxe e que ficaram pra mim, fui homenageada pelo Consultado Italiano com uma bonita escultura.

Na época, eu escrevia poesia... vinha há algum tempo pensando em juntar tudo num livro. Depois deste baita elogio da Zélia, tomei coragem e mandei para ela os meus rascunhos, e eis a linda resposta que ela me mandou:

Querida Débora, tive vontade de escrever ao assistir, na primeira apresentação, ao seriado Anarquistas Graças a Deus. *Eu queria muito que você soubesse que durante nove noites, graças ao teu incrível desempenho, eu fiquei de olhos grudados no vídeo, reencontrando dona Angelina, minha mãe. Ela ali estava, vivinha, brigando com a molecada da rua que apedrejava um cão perdido; morrendo de ciúmes de seu Ernesto; sentindo-se culpada, num drama terrível de consciência, ao ver a filha – no caso, eu – queimando de febre; com o desespero estampado no rosto ao saber do desastre do automóvel, a vida do marido em risco; enleada a ouvir a* Serenata de Schubert*... Tudo exatamente como acontecera, sem tirar nem pôr.*

Eu desejava que você não soubesse apenas das emoções que você transmitiu, de maneira tão profunda; eu desejava, sobretudo, agradecer o milagre que você conseguiu, fazendo-me retornar ao passado, voltar a viver a minha infância, como se os anos não tivessem passado. Mas não te escrevi nesta ocasião, limitei-me a te mandar um telegrama.

Ao ler agora os teus poemas, recebi um novo impacto. Os originais na mão, eu disse a Jorge (Amado):

– Essa Débora Duarte é mesmo surpreendente! Escreveu um livro de poesias. Ouça apenas este verso:

Quero um amor capaz de relaxar uma estátua nos meus dedos.

Jorge pediu-me que lesse outros poemas. Há muitos anos, há 40 exatamente, desde que nos conhecemos, costumamos, Jorge e eu, ler poesias em voz alta, um para o outro, poemas que nos falam ao coração. E eu fui lendo teus versos para ele, versos fortes, vibrantes, sinceros, belos:

Tenho medo do poder de te matar

Teu grito acorda as noites que se embaralham nos nós das redes

No veludo carmim-real, desfalece esquecida/ Como uma mancha roxa de vinho / Como um guardanapo dobrado

E agora? Daqui por diante, nada mais que venha de Débora Duarte me surpreenderá. Débora é uma artistas completa, com aquela sensibilidade que somente os grandes possuem. Muito obrigada, querida. Tua, Zélia Gattai.

Ainda fiz *Partido Alto* e *Corpo a Corpo* no mesmo ano. No primeiro trabalho, uma novela do Aguinaldo Silva e da Glória Perez, fiz a Laura, dirigida pelo Roberto Talma, com quem sempre tive imenso prazer em trabalhar.

Corpo a Corpo, com Antonio Fagundes, 1984

Corpo a Corpo, do Gilberto Braga, estreou já no final do ano, e foi uma novela bem marcante. Eu vinha de dois papéis muito fortes, nas minisséries, e fui coroada com a Eloá, uma mulher que fazia um pacto com o diabo. Foi um grande sucesso, eu fazia par com o Antonio Fagundes e era mãe do Selton Mello.

Aliás, o Selton, que tinha apenas dez anos, era uma pessoa seríssima, muito talentosa, e eu o chamava de velho, *ô meu velho*. Ele era, sem dúvida, a pessoa mais velha do elenco, apesar de ser o mais novo em idade.

O ano de 1984 ainda me trouxe uma delícia de peça teatral, *A Venerável Madame Goneau*, texto do João Bethencourt, direção do Paulo Afonso de Lima. Eu dividia o palco com o José Augusto Branco, Otávio Augusto e a Narjara Turetta. A gente se divertia demais fazendo a peça, eu saía do Teatro Mesbla todo dia de alma lavada, era mesmo um barato. O título era todo pomposo, mas Goneau era de gonorreia!

Corpo a Corpo acabou em junho de 1985, e meu rosto estava tão saturado na TV que eu fui fazer um pouco mais de teatro. Comecei a ensaiar *Todo Cuidado é Pouco*, de Celso Luiz Paulini, que estreei em 86. No elenco tinha o Luis Armando Queiroz, Eduardo Tornaghi, Claudia Borioni,

Na peça Todo Cuidado é Pouco, *1986, com Cláudia Borioni, Eduardo Tornaghi, Luiz Armando Queiróz e Sérgio Mamberti*

com direção do querido Sérgio Mamberti. Foi um trabalho muito legal, do tipo cooperativa, com uma turma ótima que deixa uma grande saudade. O Luis Armando Queiroz, um amigo especial, faz muita falta.

Em 1987, apesar da produção cinematográfica nacional estar escasseando cada vez mais – rumo aos abalados anos 90 – fui chamada para integrar o elenco do longa *A Menina do Lado*. Foi uma participação especial muito gostosa. Eu era uma alcoólatra que vai pagar mico no aniversário da filha, uma mulher tão desarvorada e tão ingênua ao mesmo tempo, que você acaba com uma certa ternura por ela.

O filme, do Alberto Salvá, contava a história de um jornalista de 40 anos, interpretado pelo Reginaldo Faria, que se apaixonava por um adolescente, a Flávia Monteiro, que fazia minha filha. O luxo do filme foi a trilha sonora, composta pelo Tom Jobim.

Paralelamente às filmagens, eu atuei na peça *Mulher, Melhor Investimento*, comédia de Ray Conney dirigida pelo José Renato. Eu fazia com a Luiza Tomé.

Pela primeira vez, trabalhei na Rede Manchete. Eu nunca tive essa coisa de ser exclusiva, e também nunca gostei de ficar parada, onde me chamam, eu vou. E com muita satisfação de estar fazendo o meu trabalho. Nessa época, então, a Manchete estava a todo vapor, e encontrei colegas e profissionais muito bacanas lá.

A Rainha da Vida foi uma minissérie dirigida pelo Walter Campos inspirada na vida da atriz Florinda Bolkan, que interpretou ela mesma. O Fagner fez o papel de um padre, além da trilha sonora. Também lembro que estavam no elenco o Jorge Dória, Nuno Leal Maia, Ângela Leal, Marilu Bueno, Odilon Wagner e mais um monte de colegas queridos.

Nesse ano, eu também estava envolvida com o lançamento do *Fada Safada*, o tal livro de poesias que escrevia desde meus 14 anos de idade. O livro acabou não saindo, mas aqui vai uma poesia:

Irrompe o homem
Rompe o hímen
Irroga o vassalo a sua alteza
Mas ela mente, ela mente, ela mente
Tontos, soltos, suados
Ela partida, ele chegado
Unidos carrasco e vítima num instante da morte
Ela grunhe, urge que ele aja
Que se arrebate
Não se dilua lento o tempo e o desgaste

Histérica mártir, no transpasse alagada
Clama a rainha – Chispas! Chicote de fitas!
Um susto, um murro, alucinada
No veludo carmim-real desfalece esquecida
Como uma mancha roxa de vinho
Como um guardanapo dobrado

Diverti-me muito com o personagem que fiz em 1988: a Joana Mendonça, em *Bebê a Bordo*, novela do Carlos Lombardi com direção do Roberto Talma. No elenco estavam a Isabelinha Garcia, o Guilherme Fontes e o Tony Ramos. Era uma história muito diferente, cheia de ação e ironia, e o trabalho foi divertido do começo ao fim.

A Joana era uma sapatão do caramba, estilo Ângela Rô Rô, cheia das sobrinhas bonitinhas. Ela apitava futebol de várzea. Lembro de uma cena onde ela comprava briga com um monte de operários numa obra. Só que a produção da novela acabou contratando uns caras da locação mesmo, ao invés de pegar figurantes, pegaram operários de verdade. Acho que eles não entenderam direito que era uma gravação e eu apanhei, os caras se animaram e saiu todo mundo machucado dessa cena, uma coisa terrível.

Ainda em 1988, atuei na peça *Vida de Artista*, onde ganhei o prêmio de melhor atriz pela Asso-

Bebê a Bordo, *com Carla Marins - Revista Amiga, 1988*

ciação de Críticos de Teatro Paulistas e Cariocas. A primeira versão da peça teve a direção do Paulo César Coutinho, e eu contracenava com o Stephan Nercessian. A segunda versão foi para viajar e eu dei uma formatada naquele trabalho que eu já conhecia com a palma da minha mão, então levei o título de diretora da peça. Daí partimos para a temporada, eu e os atores Pedro Pianzo e Maurício Abud.

No ano seguinte atuei em *Cozinhando Maças*, um texto do Ziraldo que foi uma experiência bacana. Também em 1989 atuei em *Cortina de Vidro,* produção independente do Guga de Oliveira. Se não foi a primeira novela independente, foi uma das primeiras. Foi um trabalho difícil de realizar, complicado, assim sem muita grana. Mas valeu ter feito, tinha muita gente boa no elenco, como o Gianfrancesco Guarnieri, a Ester Góes, o Herson Capri. A novela foi exibida pelo SBT, mas nós gravamos num estúdio independente em São Paulo e o texto era do Walcyr Carrasco.

Na peça Vida de Artista, *1988*

DEBORA DUARTE

em

VIDA DE *Artista*

de

PAULO CÉSAR COUTINHO

com

PEDRO PIANZO

MAURÍCIO ABUD

direção

DEBORA DUARTE

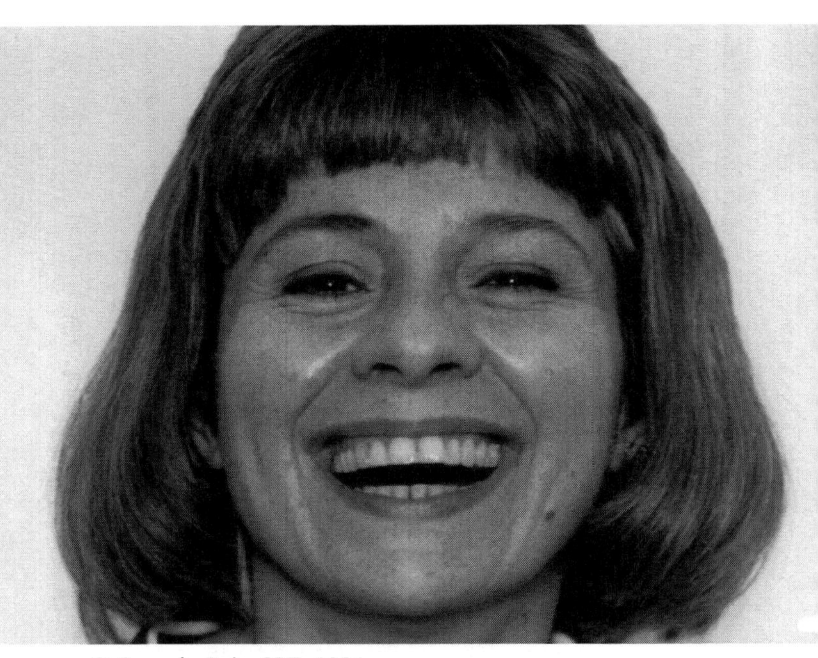

O Grande Pai - *SBT, 1991*

Capítulo IV

Uma Italiana Especial

Em 1991, eu contracenei pela primeira vez com a Paloma, minha filha mais nova. Ela entrou pro elenco do seriado *Grande Pai* antes de mim, porque o Avancini estava fazendo testes e ela ganhou o papel, na raça. Sempre foi muito talentosa, já estava atuando no teatro, e esse foi seu primeiro trabalho na TV.

A série era comemorativa dos dez anos do SBT, uma adaptação do texto de Clayton Sarzi para o original mexicano. Tudo girava em torno de um pai viúvo, interpretado pelo Flávio Galvão, e suas três filhas. Eu era a governanta que o ajudava a criar as filhas, e a Paloma fazia a filha do meio. O meu papel era engraçado, e nós duas demos boas gargalhadas durante as gravações. Eu e Paloma nos damos muito bem no trabalho.

Paralelamente, eu fiz uma peça muito interessante, chamada *O Estranho Casal,* do Neil Simon. O texto foi escrito, na verdade, pra dois homens, e se chamava *Tudo na* Cozinha. Na montagem masculina, o Lima fez com o Juca de Oliveira, direção do Abujamra. Acontece que o Neil Simon resolveu fazer uma versão feminina pra mulher dele, que é atriz. Em inglês a peça ficou com o mesmo nome: *The Odd Couple – female version*, mas em português surgiu esse título *O Estranho Casal.* O sucesso, na Broadway, foi tão grande que houve um filme e uma série de TV inspirados na peça.

A história era sobre duas companheiras de quarto que não se entendem de maneira nenhuma. Uma muito tensa; a outra, desleixada. Eu fazia com a Marli Marlei no Teatro Hilton, em SP.

Ainda no final de 91, atuei sob a direção da Bibi Ferreira em *Procura-se um Tenor*, do Ken Ludwig. Essa peça é uma daquelas ganhadoras do Tony que foi traduzida em dezesseis línguas e encenada em mais de vinte e cinco países. No elenco tinha o Juca de Oliveira, o Fúlvio Stefanini, e o Francarlos Reis.

A história passava-se toda no dia de uma grande apresentação do tal tenor, mais conhecido como *Il Stupendo*, que acaba dopado por uma dose extra de remédios depois que sua esposa encontra uma suposta amante em seu quarto de hotel. A amante, na verdade, é uma mulher em busca de autógrafo, mas a esposa não entende e vai embora, deixando uma carta de despedida. O tenor toma remédios demais, acidentalmente, e cai duro. Mas o produtor do megaespetáculo está disposto a fazer com que ele acorde, de qualquer maneira. É uma peça com *vaudeville*, troca de identidades, viradas fortes e muitas entradas e saídas de cena.

O ano de 1992 foi marcado por uma tragédia familiar, o meu ex-marido e pai da Paloma, Antônio Marcos, faleceu em abril. Paloma tinha acabado de completar 15 anos.

Voltei para a Rede Globo em 1993 para fazer *Sonho Meu*, uma novela do Marcílio Morais para as seis horas, que fez bastante sucesso. Contava a história de uma menininha que era criada num orfanato e desenvolvia uma relação toda especial com o Tio Zé (interpretado pelo meu querido Elias Gleizer).

Eu fazia o papel da Mariana. O mais legal foi trabalhar com o Reynaldo Boury, ele é ótimo, um querido, um diretor das antigas que trata o *set* ainda com muito respeito. Eu gosto tanto do Boury que eu tenho a impressão que eu já trabalhei com ele muitas vezes, mas, se não me engano, foi este trabalho e *Bicho do* Mato, em 1972. A gente construiu uma amizade tão legal, adoraria voltar a ser dirigida por ele.

Por exemplo, o Boury dava um jeito de me liberar para o teatro, coisa que hoje em dia é raro. Eu estava em cartaz no Rio em *Meus Prezados Ca-*

Sonho Meu, *1993*

nalhas, do João Uchoa Cavalcanti Netto, direção do Gracindo Júnior.

Essa era uma peça praticamente interativa, a trama contava a história de um banqueiro que é sequestrado por um grupo subversivo e levado a um julgamento clandestino, só que eles também sequestram os membros do júri para declarar se ele é inocente ou culpado. Acabava que os espectadores se faziam de júri muitas vezes. Lembro de apresentações onde o banqueiro era condenado. Eu divida a cena com a Ângela Vieira e o Othon Bastos.

Em 1994 teve *Pátria Minha*, do brilhantíssimo Gilberto Braga, onde eu desempenhei o papel da Carmita. A novela discutia temas interessantes, era uma novela das oito com grande papel social. Neste ano nasceu a minha primeira neta, a Maria Luiza, filha da Paloma.

No ano seguinte fui convidada a fazer a Marisa, de *Explode Coração*. Foi uma novela muitíssimo polêmica, porque tratava de internet, ciganos, criança desaparecida. A Glória Perez conseguiu tocar em vários pontos nevrálgicos da nossa sociedade, acho que de uma maneira que só ela sabe fazer. Claro, cada autor tem o seu jeito, faz da sua maneira, e na maioria das vezes eles são geniais. Mas o carimbo da Glória é mesmo social.

TE

Pátria Minha, *com Stepan Nercesian, 1994*

Na peça Meus Prezados Canalhas, *1993*

O que eu mais me lembro desta novela é que foi toda gravada no Projac, na época, uma supernovidade. Eles estavam construindo os estúdios desde 1989, e algumas coisas já eram gravadas lá; se bem me lembro os programas ao vivo. Mas as novelas ainda eram rodadas no Jardim Botânico e em outros estúdios como a Cinédia, a Tycoon e no Renato Aragão. Então, fazer uma novela de cabo a rabo lá foi bem marcante. Era tudo novo, última geração, um barato. A gente reclamava um pouco da distância, mas valia a pena.

Também sempre foi muito prazeroso trabalhar com o Dênis Carvalho, que era o diretor-geral dessa novela. E o elenco juntava bastante gente nova com medalhões, tipo Stênio Garcia, Rogério Cardoso e Paulo José. Lembro de já ser um daqueles elencos enormes que até hoje são a fórmula da teledramaturgia brasileira.

Em 1997, a Paloma teve sua segunda filha, a Ana Clara, com o Marcos Winter. Sou mãe de duas mulheres e avó de duas meninas, uma família muito feminina!

Repeti a dobradinha com a Glória Perez em 1998, fazendo a Sãozinha em *Hilda Furacão*. A direção era do Wolf Maia. Nós começamos as gravações em Tiradentes, que era a locação da cidade ficti-

Explode Coração, *1995*

cia de Santana dos Ferros. Foi bem gostoso, passei algumas semanas por lá na Pousada do Luizão, aquela coisa bem mineira, cafezão da manhã, muito queijo, muito pão, muito café, lençóis de algodão engomado...

A personagem, Sãozinha, era graciosa, uma mineirinha muito da querida, romântica, aquela que é eternamente noiva. E a minissérie foi um estouro, causou *frisson* porque falava da história da prostituta real que escandalizou a sociedade mineira fugindo de seu casamento e buscando refúgio com as prostitutas. Além do mais, quem fazia a Hilda era a Ana Paula Arósio, com aquela cara de bonequinha de luxo.

Depois disso, passei um bom período fazendo *Você Decide*, que era uma febre, aquele programa interativo onde o espectador escolhia o final. Não lembro de nenhum papel marcante, porque era tudo muito curto. Mas sei que fiz cinco programas diferentes.

Aí depois veio *Terra Nostra*, um grande trabalho, uma novela que parou o País. Falava da imigração italiana e de repente as gírias em italiano estavam se espalhando pelas ruas, aumentando as vendas de macarrão e de molho de tomate. Foi uma febre a novela do Benedito Ruy Barbosa!

A Maria do Socorro, que era uma grande personagem, na verdade deveria morrer no meio da novela, de parto. Mas a empatia da Socorro com o público foi tão grande que o Benedito me poupou, e eu fui até o último capítulo. Eu fazia par com o Fagundes, na verdade o nosso segundo par (tínhamos feito a Eloah e o Osmar de *Corpo a Corpo)*, e a gente sempre se deu muito bem em cena. Além disso, a Paloma fazia a minha filha na novela, então foi uma felicidade.

Bom, isso tudo me rendeu um grande prêmio: o de melhor atriz de televisão do ano! É um trabalho do qual muito me orgulho.

Voltei às novelas em 2001, fazendo uma participação como a Olímpia, de *Porto dos Milagres*. A novela era do Marcos Paulo, e apesar da gente se conhecer de outras encarnações (inclusive de eu ter trabalhado com o pai dele, Vicente Sesso, na Tupi; e ter feito par com ele no *Morro dos Ventos Uivantes*), foi a única participação que eu fiz em uma novela dele. Bom, foi muito legal porque apesar de ser limitada, quando a Olímpia entrava ela fazia muito.

Também em 2001 eu voltei ao teatro com *Carícias,* um experiência única com a diretora Christiane Jatahy, na inauguração do Teatro do Jockey. O texto, do autor catalão Sergi Belbel,

Terra Nostra, *com Antonio Fagundes, 1999*

costurava situações com uma narrativa circular. Falava, na verdade, sobre a falta de comunicação entre as pessoas.

A diretora é maravilhosa, sem dúvida nenhuma uma das melhores com quem eu já trabalhei. Ela tinha um método próprio que eu nunca tinha experimentado e foi um jeito de fazer que eu gostei muito de conhecer. A experiência lá dentro daquele teatrinho do Jockey superou as minhas expectativas, as arquibancadas se moviam, era um barato. Além disso, o elenco foi muito legal, fiz amigos incríveis como Gabriel Braga Nunes, Guta Stresser, Guilherme Piva e Camila Amado.

Aí veio o *Quinto dos Infernos*, onde fiz a Amália, em 2002. Foi muito legal. O Wolf Maia, diretor, sempre me chama pra fazer participações especiais muito interessantes. Ainda não fui convidada para fazer um papel do princípio ao fim. Quem sabe um dia ele ainda chama? De qualquer maneira, as participações todas que fiz com ele deram para tirar um caldo muito bom.

A Amália era a mãe da Manuela, interpretada pela Danielle Winits. E a história do Carlos Lombardi era muito engraçada, sobre a vinda da família real ao Brasil, mas contada de maneira cômica. O título foi uma alusão à frase dita por Carlota Joaquina antes de sair de Portugal para vir morar na colônia, o Brasil, esse *lugar perdido, longínquo, um quinto dos infernos*.

A gente gravou em Bento Gonçalves (RS) então foi gostoso viajar com os colegas e aquela equipe toda de mais de cem pessoas. Na época, sofremos críticas por causa da caricatura que o Lombardi traçou da família real: o D. João VI dele era glutão e, ainda por cima, um marido traído. Mas a verdade é que, apesar de ir ao ar tarde, a minissérie fez bastante sucesso.

Voltei para o SBT em 2003 para fazer *Canavial de Paixões*, uma novela que fez um sucesso acima do esperado. Eu fazia a Teresa Giácomo, esposa do Amador, interpretado pelo Victor Fasano.

No SBT foi muito bom ter voltado a trabalhar com os diretores Henrique Martins, que era um contemporâneo da Tupi; e com o Jaques Lagoa, um amigo da adolescência; além do querido David Grinberg, o diretor de dramaturgia da emissora.

Quando a novela acabou, viajei com o elenco da peça *Com a pulga atrás da orelha*, obra-prima do autor francês George Feydeau. A peça conta a história de uma mulher que não confia no marido e resolve investigar se ele é fiel, aí pede para a amiga escrever uma carta anônima marcando um encontro. É uma comédia daquelas do teatro vir abaixo, uma delícia para qualquer ator.

No elenco tinha o Herson Capri, Edwin Luisi, Othon Bastos e Stella Freitas, mas o mais legal foi que a Dani fazia a peça e pudemos passar um tempo gostoso juntas nessas viagens pelo Brasil. A direção também era do pai dela, o Gracindo Jr., foi uma experiência bacana para minha filha.

No ano seguinte, segui fazendo teatro. Eu adoro fazer teatro, quando há tempo, não se está em novela, não tem que ser corrido, é uma maravilha. Fiz *Ladrão que rouba ladrão*, do Ray Conney. direção do Cyrano Rosalém, viajamos por todas as capitais.

A história girava em torno de uma pasta cheia de dinheiro que o Ivan, interpretado pelo Roberto Pirillo, encontrava no metrô e trazia para casa, na esperança que ele e sua esposa Joana (minha personagem) conseguissem fugir para Barcelona e resolver todos os seus problemas. Mas nada é tão fácil como parece...

Depois fiz um grande papel, com o Edwin Luisi, que é um companheirão dos palcos, uma pessoa muito divertida, temos uma ótima química em cena. Foi no *Misery*, peça inspirada no livro homônimo do Stephen King que, nessa época, já

Na peça Ladrão Que Rouba Ladrão, *2004*

tinha virado um filme chamado *Louca Obsessão*, com a Kathy Bates e o James Caan. Eu e o Edwin saímos de uma supercomédia para um suspense dos melhores.

Ainda em 2005 fiz *Liberdade para as Borboletas*, direção novamente do Gracindo Jr. para um texto do autor americano Leonard Gersche. No elenco, a Taís Araújo, Caio Blat e Pablo Falcão. A peça, que é da década de 70, foi adaptada para se passar nos dias atuais num casarão da Lapa. Eu fazia uma mãe superprotetora cujo filho apaixonava-se perdidamente. Estreamos no Teatro Abel, em Niterói.

O meu retorno à Rede Globo se deu com a Alice, da novela *Como uma Onda,* dirigida pelo Denis Carvalho. Foi a primeira vez que eu trabalhei com o Marcos Caruso, que fazia o meu marido, o Dr. Prata, um personagem inspirado no Dráuzio Varella. A gente fazia um casal muito forte, eu adorava as nossas cenas juntos. Fizemos um belo trabalho.

Aí veio *Paraíso Tropical*, aquele sucessão, em 2007. Foi a primeira vez que eu trabalhei com a Glorinha Pires, foi tão gostoso, a gente se deu superbem. Há muito tempo que eu não fazia novos amigos, e a Glorinha é uma nova amiga para sempre, uma pessoa de uma qualidade, pessoal, profissional, espiritual, é uma personalidade uau! Adoro ela. Muito legal. Além dela fiquei conhecendo o Wagner Moura e a Alessandra Negrini, pessoas incríveis.

Também foi muito bom voltar a fazer um texto do grande Gilberto, que sabe tudo, com direção geral do Denis Carvalho e direção da Maria de Médicis e da Amora Mautner, duas mulheres que estão arrebentando. É tão bom ver essas pessoas novas chegando com fôlego, talento e novas ideias!

Em 2008 eu fiz *A Ratoeira*, um texto da Agatha Christie que é a peça que está há mais tempo em cartaz no mundo. Estreou em 1952, em Londres, e já foi apresentada mais de 18 mil vezes! Existe uma história curiosa por detrás da peça: a Agatha Christie vendeu os direitos para uma versão cinematográfica, com a condição que ela ocorresse apenas após o final da temporada teatral, o que nunca aconteceu... pelo menos não nos últimos 56 anos! Então, o filme nunca foi feito.

A história é clássica: numa noite de tempestade, um hóspede é assassinado num quarto de hotel e todos os outros hóspedes são suspeitos. Eu fazia a Sra. Boyle e o Rogério Fróes, o Sr. Parvicinii, a peça tinha direção do João Fonseca e tradução da Bárbara Heliodora. Com o João foi um caso de amor no trabalho, uma pessoa com quem eu espero trabalhar outras vezes. Aliás, a peça toda foi uma experiência muito feliz porque eu pude fazer grandes amigos como o Dudu Sandroni e uma garotada nova muito legal, superprofissional.

Meu último trabalho foi a novela *Três Irmãs*, como a Florisbela, gravando com Denis Carvalho, que é como um irmão. Hoje olho para trás e fico tão feliz com todos os grandes projetos dos quais participei... nossa!

Capítulo V

Refexões sobre a Vida

Eu sempre fui uma atriz que precisava muito de viver a minha vida pra que a atriz dentro de mim ficasse contente e trabalhasse feliz. Hoje em dia talvez eu entenda melhor o que o Lima me falava quando eu era mocinha: *primeiro o trabalho, segundo o trabalho*.

Eu trabalho melhor do que vivo, isso não mudou, continuo trabalhando melhor do que vivendo. Viver é sempre uma grande aventura pra mim. Viver é perigoso. No trabalho eu me sinto segura, mais equilibrada, mais sábia, é na minha profissão que me protejo, muitas vezes onde me escondo. No trabalho eu sei a que horas começa, que horas acaba. Essa é a grande liberdade, o salvo-conduto, que é poder ser sem ser punido por isso. Na vida, a gente paga o preço.

Claro que eu também sofro com a minha vida profissional, que tenho inseguranças...

Por exemplo, inseguranças sobre como manter a minha carreira. No Brasil eu acho que o caminho é assim: quando você começa tem que entrar, arrumar um espacinho e mostrar ao que veio. Aí, se você consegue, tem que alargar o espaço e chega uma certa hora quando você tem que dizer ao que veio, não tem jeito, não tem salvação. Aí quando você for dizer, tem que ter um discurso pensado, você tem que saber muito bem o que quer dizer.

No Brasil, a gente tem que optar muito cedo entre prestígio e popularidade porque parece que a nossa ignorância preconceituosa ficou muito tempo dizendo que quem era popular não podia ser bom, então a gente tinha que escolher se a gente queria ter prestígio, ser admirada pela própria classe, ou se ia ser popular.

A indústria, na contramão, vai em cima da vida pessoal, e eu, que nunca fiz dela um meio de divulgação, pretendo continuar assim.

Muitas vezes sou mal interpretada: *que arrogante, não quer falar sobre nada*, dizem uns. Eu me respeito, então quando for para tratar de assuntos meus, eu vou tratar com delicadeza, com tempo, com respeito, com o sentimento que aquela história merece. Tenho muitas histórias pessoais, mas são minhas.

Sou reservada e não gosto de ser arroz de festa, por isso eu pago o preço. Hoje em dia, quem não gosta de *lobby* e quem não faz isso, dança. Paga o preço. E eu pago.

Nunca pensei estrategicamente na minha carreira. Nunca marchei em cima dos resultados. Pra mim, as coisas foram simplesmente acontecendo. Veio um convite, topei, veio outro, topei de novo. Agora eu finalmente tenho alguém que toma conta da minha carreira: o querido Marcos Montenegro, meu empresário. Fico muito contente que ele esteja cuidando agora da minha carreira com tanta dedicação.

Olho pras companheiras maravilhosas, que produzem os seus trabalhos e o fazem muito bem, e conseguem construir suas carreiras, pelo menos a teatral, de maneira mais sólida. Porque vão atrás do que querem dizer, da peça, do que as interessa e vão construindo com independência seu trabalho.

Mas a verdade é que eu nunca tive a menor paciência pro lado burocrático, eu não sei mandar peça nenhuma pra lei nenhuma, também não quero aprender... Meu sonho romântico era ter encontrado um parceiro, ou uma parceira, um cúmplice, que tomasse conta desse lado pra eu tomar conta do lado de cá. Nunca aconteceu esse encontro, mas eu ainda tô viva, de repente se acontecer será muito bem-vindo. E agora eu já tenho o meu empresário!

Por isso tudo agora eu ando pensando em ter alguma coisa pronta, um monólogo, ou uma peça de dois personagens, pra ter no bolso e poder viajar o Brasil com teatro, que é uma coisa que eu adoro. Eu acho o máximo da vida feliz. Conhecer cidades e pessoas durante o dia e à noite fazer o trabalho que você ama.

Como eu sou essa pessoa que faz planos, não poderia nunca escolher trabalhar mais no cinema, no teatro ou na televisão. Eu adoro tudo e faço o que pinta. Nunca subjuguei o trabalho televisivo. Adoro fazer televisão. Adoro a versatilidade da minha profissão. É gostoso esse negócio de você trabalhar de um jeito aqui, de outro jeito lá, saber usar o veículo e conhecer bem a técnica de cada um.

Sobre a Família

A partir da minha família é possível contar a história da televisão brasileira: Lima, eu e Paloma representamos três gerações que estão a todo momento presentes na televisão. Só que nunca fomos uma família habitual, não é assim uma *linhagem de atores*, como seria, no caso, uma linhagem de advogados ou médicos.

Uma das coisas mais importantes para entender a minha vida é exatamente entender que eu não vim de uma família tradicional. Quem pensar em termos daquele esquema padrão de vida, não vai me achar. Pra começar, na época em que eu cresci ser artista era uma opção quase marginal. Éramos um bando de artesões, ganhávamos pouco, tínhamos este amor incondicional pelas artes.

E ser marginal foi uma coisa muito boa de se viver porque nos irmanava, além do fato do nosso trabalho ser ao vivo e fazer com que corrêssemos o risco juntos. Cumplicidade para mim é a principal ferramenta de trabalho em grupo.

A gente vivia um dia de cada vez, meus pais não tinham dinheiro pra pagar uma babá, então eu fui sendo criada lá dentro da emissora. Não havia nenhum *status* e nem *glamour* em ser artista. A mulher que trabalhava na TV não prestava. Até hoje sinto um pouco disso nos meios mais conservadores. Muito sutilmente, porque como dinheiro e beleza, além de fama, são sinônimos de *status*, ficou apenas um ranço. Homem também sofria preconceito: era tudo veado! Na época existia esse preconceito. Mas nada que tivesse me afetado ou me impedido.

Nessa trilha *outsider* eu acabei saindo de casa muito cedo, pra viver com um homem mais velho. Quando meu relacionamento acabou, e eu estava com 19 anos, fui morar com minha mãe, que tinha acabado de se separar do Lima. Depois tive a Daniela sem estar formalmente casada, e uma revista de fofocas estampou na capa: *mãe solteira*. O fato de eu ter tido vários relacionamentos, ter tido filhas sem estar casada, o fato de trabalhar desde cedo, tudo isso tem que ser contextualizado com a minha vida.

Claro que, no momento em que as minhas filhas nasceram, eu pensei que queria dar a elas uma coisa mais estável, fui atrás dos mitos da maternidade, das ideias que você compra sem nem se perguntar se acredita nelas ou não. Essa coisa de só ter filho casada, casar virgem, largar o trabalho pra ser mãe, isso pra mim é impensável. Então, eu entendi que não poderia criar minhas filhas de uma maneira tão diferente da minha.

Eu fui muito abençoada na vida com as filhas que eu tive. Acho que Deus deve ter olhado pra mim com muita simpatia. Nós, atores, ou *bobos da corte*, somos protegidos de alguma maneira.

Tenho duas filhas que são muito melhores do que eu, são muito melhores do que a educação que eu possa ter dado ou a mãe que eu possa ter sido. Eu recebi um presente, hoje em dia são duas mulheres de uma qualidade humana ímpar. São de um caráter, sensibilidade, beleza, são gene-

Com as filhas Paloma e Daniela

rosas, amorosas, são do caramba, realmente! Presentaço que a vida me deu!

Mas, voltando, na casa dos meus pais, claro que sempre celebramos trabalhos bacanas, conquistas profissionais, assim como dividimos angústias de fracassos ou medos. Mas isso não era o que movia a família, a gente não se reunia em volta da mesa, à noite, e discutia: *sabe aquela cena?, vamos estudar para amanhã?, bate texto comigo?* Não, nunca houve esse papo.

O que moveu a minha família, sempre, foi uma coisa que eu aprendi quando era pequena: a minha maneira de olhar o mundo, de observar, de sentir as coisas que se vê – de enxergá-las sob um ótica toda especial. Por exemplo: o cara que passa todo dia de manhã levando o jornal; aquela empregadinha na fila do pão; o jornaleiro que pita o palito de fósforo como se fosse um cigarro; o apontador do bicho que se prepara para um novo jogo.

Tudo que pode ser trivial pode ser lírico. Esse é o meu valor mais importante, essa maneira de ver o mundo, a vida, esse exercício diário da minha imaginação e da minha sensibilidade. Foi muito bom pro trabalho e pra vida.

Sobre o Trabalho

Eu nunca tive muitas amigas fora do circuito artístico. Por sentir falta desse olhar nas pessoas. Claro, dependendo da época da minha vida, tive por perto grupos de fora: o pessoal da escola, da rua, minhas vizinhas, e pessoas que a vida nos leva a conhecer. Mas não foram meu eixo principal, longe disso. É que eu sou bicho do mato. Então tenho poucas amigas que me acompanham desde sempre, ou desde algum momento específico da minha vida.

Os amigos no meio artístico são famílias que se solvem e se dissolvem dependendo do trabalho que estamos realizando. A gente se junta pra uma novela ou uma peça, passa meses, às vezes anos se vendo todos os dias, participando intensamente um da vida do outro, sabendo mesmo de tudo. Praticamente passamos mais tempo com essas pessoas, durante os trabalhos, do que com a nossa família.

Aí o trabalho acaba e sentimos aquele vazio, que, claro, não vem só da convivência, vem do processo em si, personagem, etc. E vem outro trabalho, outra família, então fica difícil se frequentar. Se não acontecer de você cair no mesmo trabalho, você pode passar anos sem cruzar com aquela pessoa com quem tinha tanta intimidade.

As despedidas são todas muito sofridas, claro. Os personagens são encontros incríveis, mesmo nos desencontros nos trazem muita coisa boa.

Eu fico com o personagem agarrado na alma, e o momento de dizer tchau é sempre chato. Tanto faz, em novela ou em teatro. A gente fica com aquilo lá dentro e um belo dia, quando acorda, o personagem foi embora, e não deixou nenhum bilhetinho.

Ao mesmo tempo, pra mim é tudo muito rápido e intenso, não tenho rituais, não fico elaborando. Acho que faço tudo muito naturalmente, compor e despir os personagens. Acho bárbaro.

Pra composição deles, primeiro eu tento compreendê-los, entrar naquela cabeça e procurar entender como pensam; quais pensamentos vêm depois de uma ação; o que a cabeça fala que o coração não está dizendo; e vice-versa – e o resto vem como resultado. Vem de um olhar muito imparcial, de um olhar muito observador. Meu discurso como atriz é curioso, tenta não ser preconceituoso. Julgamento de personagem não leva a nada.

Acredito, sobretudo, que antes do meio onde o personagem vive, antes dele ser uma executiva, ou uma corintiana, ou uma obesa mórbida, ele é uma pessoa. Ninguém é só o que faz, ou o que aparenta, ninguém é só uma executiva, executiva é um detalhe. É claro que você estuda os detalhes, mas a alma está bem atrás disso, o buraco é mais embaixo, é bem maior. Então eu acho que você tem que pegar a alma da pessoa que você vai fazer, ou o problema da perda da alma daquela pessoa que você vai fazer. É por aí que eu começo. E o resto vem depois.

Eu descobri que nessa profissão o que menos interessa é o que eu sinto, mas, sim, saber fazer com que o público sinta. Estou aqui pra servir de ponte, pra carregar o público pra algum lugar, pra aquela estória, pra causar pensar. Agora, se eu estou sentindo chulé, dor de dente, raiva, pressa, mau humor ou felicidade, isso pro espectador é o que menos interessa. O que interessa é que eu saiba servir.

Digo servir porque a minha função é mais do que transmitir. O trabalho do ator é mais depravado do que uma simples transmissão, tem um quê de sedução. É carregar, arrastar consigo, é puxar, é fazer: vem, vem que eu te levo. Tanto faz se é no teatro, na TV, no cinema, no circo ou no rádio, cada veículo tem uma técnica e é fundamental que você a domine para servir no seu melhor.

Sou uma atriz que quer estar viva, presente para tudo que acontece enquanto trabalho. Fico molinha, aberta pro que vier. Meu maior prazer é abandonar o chão seguro e voar com liberdade. O risco me interessa. Adoro atores que ficam na beiradinha do precipício, sinto uma grande gratidão quando vejo um trabalho de ator que me carrega, me deixa um pouco mais feliz de ser o que sou (quando um companheiro me mostra como é legal, como é bonito, como é valoroso isso). São as vezes em que eu me sinto mais útil, com mais sentido na vida: quando eu vejo um trabalho bonito de um companheiro.

Também é muito gratificante trabalhar com um grande ator ou uma grande atriz. Dá uma gratidão enorme. Você olha no olho dele e metade tá feito!

Eu lembro da primeira vez que eu contracenei com o Lima, que eu olhei bem no olho dele, ele tem aquele olho louco, né, aquele olho que jorra, eu falei "uau!", não precisa esforço nenhum, já te carregou, uma coisa maravilhosa. Assim como quando eu trabalhei com a Irene Ravache, entre outros com quem eu já contracenei, que foi uma delícia.

Não posso deixar de falar também o quanto é bom trabalhar com diretores competentes, instigadores. Aprendi muito com vários, em processos diferenciados. Diretores buscam respostas e reações dos atores através, muitas vezes, de mecanismos dolorosos, mas eu digo que prefiro aprender no amor – embora o ódio também ensine.

A minha escola sempre foi, sobretudo, a escola da vida. Não tive formação teórica: eu aprendo trabalhando e trabalho aprendendo. Essa é a minha enfermaria!

Troféu Roquette Pinto, *prêmio de revelação, com Elis Regina*

Como manequim da loja Clipper 1964/65

O Diário de Anne Frank - *TV Tupi, 1964*

TV Tupi, 1964

Cronologia

TV

2008

• ***Três Irmãs*** – Personagem: Florisbela
Rede Globo, direção geral de Denis Carvalho, novela de Antônio Calmon e Guilherme Vasconcelos

2007

• ***Paraíso Tropical*** – Personagem: Hermínia
Rede Globo, direção geral de José Luis Vilamarin, novela de Gilberto Braga e Ricardo Linhares

2005

• ***Como uma Onda*** – Personagem: Alice
Rede Globo, direção geral de Denis Carvalho, novela de Walter Negrão

2003

• ***Canavial de Paixões*** – Personagem: Teresa Giácomo
SBT, direção geral de Henrique Martins, novela adaptada por Ecila Pedroso

2002

• ***O Quinto dos Infernos*** – Personagem: Amália
Rede Globo, direção geral de Wolf Maia, minissérie de Carlos Lombardi

Aos 15 anos, na TV Tupi, 1965

2001

• ***Porto dos Milagres*** – Personagem: Olímpia
Rede Globo, direção geral de Marcos Paulo, novela de Aguinaldo Silva e Ricardo Linhares

2000

• ***Uma Mulher Quase Honesta***
Rede Globo – Você Decide

1999

• ***Assim é se lhe parece***
Rede Globo – Você Decide

• ***Terra Nostra*** – Personagem: Maria do Socorro
Rede Globo, direção geral de Jayme Monjardim, novela de Benedito Ruy Barbosa

1998

• ***Impulso Incontrolável***
Rede Globo – Você Decide

• ***Hilda Furacão*** – Personagem: Tia Sãozinha
Rede Globo, direção geral de Wolf Maia, minissérie de Glória Perez

1996

• ***Doce Engano***
Rede Globo – Você Decide

1995

• ***O Pai Pródigo***
Rede Globo – Você Decide

• ***Explode Coração*** – Personagem: Marisa
Rede Globo, direção geral de Denis Carvalho, novela de Glória Perez

1994

• ***Pátria Minha*** – Personagem: Carmita Bevilácqua
Rede Globo, direção geral de Denis Carvalho, novela de Gilberto Braga

1993

• ***Sonho Meu*** – Personagem: Mariana
Rede Globo, direção geral de Reynaldo Boury, novela de Marcílio Moraes

1991

• ***Grande Pai*** – Personagem: Maria
SBT, direção geral de Walter Avancini, roteiro de Crayton Sarzy

1989

• ***Cortina de Vidro*** – Personagem: Giovana
SBT, direção geral de Guga de Oliveira, novela de Walcyr Carrasco

Pátria Minha, *com Stepan Nercesian, 1994*

1988

• ***Bebê a Bordo*** – Personagem: Joana Mendonça
Rede Globo, direção geral de Roberto Talma, novela de Carlos Lombardi

1987

• ***A Rainha da Vida*** – Personagem: Estela
Rede Manchete, direção de Walter Campos, minissérie de Wilson Aguiar Filho e Leila Miccolis

1984

• ***Corpo a Corpo*** – Personagem: Eloá Pelegrini
Rede Globo, direção geral de Denis Carvalho, novela de Gilberto Braga

• ***Partido Alto*** – Personagem: Laura
Rede Globo, direção geral de Roberto Talma, novela de Aguinaldo Silva e Gloria Perez

• ***Padre Cícero*** – Personagem: Maria de Araújo
Rede Globo, direção geral de Paulo Afonso Grisolli e José Carlos Pieri, minissérie de Aguinaldo Silva e Doc Comparato

• ***Anarquistas Graças a Deus*** – Personagem: Angelina Gattai
Rede Globo, direção geral de Walter Avancini, minissérie de Walter George Durst

1983

• ***Parabéns pra Você*** – Personagem: Maria Rita
Rede Globo, direção geral de Denis Carvalho e Marcos Paulo, minissérie de Bráulio Pedroso

1982

• ***Elas por Elas*** – Personagem: Rosa
Rede Globo, direção geral de Paulo Ubiratan, novela de Cassiano Gabus Mendes

1981

• ***Jogo da Vida*** – Personagem: Beatriz Madureira
Rede Globo, direção geral de Roberto Talma, novela de Sílvio de Abreu

1980

• ***Coração Alado*** – Personagem: Catucha
Rede Globo, direção geral de Roberto Talma, novela de Janete Clair

1979

• ***Cara a Cara*** – Personagem: Regina
Bandeirantes, direção geral de Jardel Mello e Arlindo Barreto, novela de Vicente Sesso

1977

• ***O Profeta*** – Personagem: Carola
TV Tupi, direção geral de Antonino Seabra e Álvaro Fugulin, novela de Ivani Ribeiro

1975

• ***Pecado Capital*** – Personagem: Vilminha Lisboa
Rede Globo, direção geral de Daniel Filho e Jardel Mello, novela de Janete Clair

• ***Escalada*** – Personagem: Jovem na estrada
Rede Globo, direção geral de Regis Cardoso, novela de Lauro César Muniz

1974

• ***O Espigão*** – Personagem: Dora
Rede Globo, direção geral de Daniel Filho, novela de Dias Gomes

1973

• ***Carinhoso*** – Personagem: Marisa
Rede Globo, direção geral de Daniel Filho, novela de Lauro César Muniz

1972

• ***A Patota*** – Personagem: Nely
Rede Globo, direção geral de Reynaldo Boury, novela de Maria Clara Machado

• ***Bicho do Mato*** – Personagem: Ruth
Rede Globo, direção geral de Moacyr Deriquém, novela de Chico de Assis e Renato Corrêa e Castro

1971

• ***Editora Mayo, Bom Dia*** – Personagem: Jô
Rede Record, direção geral Carlos Manga, novela de Walter Negrão

1970

• ***Toninho on the Rocks*** – Personagem: Anita
TV Tupi, direção geral Lima Duarte, novela de Teixeira Filho

• ***As Bruxas*** – Personagem: Stella
TV Tupi, direção geral de Walter Avancini e Carlos Zara, novela de Ivani Ribeiro

1969

• ***João Juca Jr.***
TV Tupi, direção geral de Walter Avancini e Plínio Marcos, novela de Sylvan Paezzo

1968

• ***Beto Rockfeller*** – Personagem: Lu
TV Tupi, direção geral de Lima Duarte e Walter Avancini, novela de Bráulio Pedroso

• ***O Homem que Sonhava Colorido***
TV Tupi, direção geral de Antônio Abujamra, novela de Sylvan Paezzo

• ***O Décimo Mandamento*** – Personagem: Mariana
TV Tupi, direção geral de Antônio Abujamra, novela de Benedito Ruy Barbosa

1967

• ***O Morro dos Ventos Uivantes*** – Personagem: Catarina Jovem
TV Excelsior, direção geral de Dionísio Azevedo, novela de Laura César Muniz

• ***O Grande Segredo*** – Personagem: Nina
TV Excelsior, direção geral de Carlos Zara e Walter Avancini, novela de Marcos Rey

1966

• ***Ninguém Crê em Mim*** – Personagem: Martinha
TV Excelsior, direção geral de Dionísio Azevedo, novela de Laura César Muniz

1965

• ***Ana Maria, Meu Amor***
TV Tupi, direção geral de José Parisi, novela de Alves Teixeira

• ***O Pecado de Cada Um*** – Personagem: Mônica
TV Tupi, direção geral e novela de Wanda Cosmo

• *A Outra* – Personagem: Carina
TV Tupi, direção geral de Geraldo Vietri, novela de Walter George Durst

1964

• ***Gutierritos, o Drama dos Humildes***
TV Tupi, direção geral de Wanda Cosmo, novela de Walter George Durst

• ***Quem Casa com Maria?*** – Personagem: Maria das Graças
TV Tupi, direção geral de Henrique Martins, novela de Lúcia Mambertini

• ***Sítio do Pica-Pau Amarelo*** – Personagem: Peter Pan
TV Tupi, direção geral e roteiros de Julio Gouveia e Tatiana Belinky

1959

• ***O Jardim Encantado***
TV Tupi, direção geral e roteiro de Dionísio Azevedo

1958

• ***Os Miseráveis*** – Personagem: Cosette
TV Tupi, direção geral e roteiro de Dionísio Azevedo

Cinema

1987

• ***A Menina do Lado*** – Personagem: mãe
Direção de Alberto Salvá, roteiro de Alberto Salvá e Elisa Tolomelli

1974

• ***Pontal da Solidão***
Direção e roteiro de Alberto Ruschel

1970

• ***Celeste*** – Personagem: Celeste
Direção e roteiro de Michel Gast

Teatro

2008

• ***A Ratoeira***
Texto: Agatha Christie.Tradução: Bárbara Heliodora
Direção: João Fonseca

2005

• ***Misery***
Texto: Stephen King

• ***Liberdade para as Borboletas***
Direção: Gracindo Jr.
Texto: Leonard Gersche
Com: Taís Araújo, Caio Blat e Pablo Falcão

2004

• ***Ladrão que Rouba Ladrão***
Texto: Ray Conney
Direção: Cyrano Rosalém
Com: Luis Guilherme, Rogerio Fabiano

2003

• ***Com a Pulga Atrás da Orelha***
Texto: George Feydeau
Direção: Gracindo Jr
Com: Herson Capri, Débora Duarte, Edwin Luisi, Othon Bastos, Stela Freitas

2001

• ***Carícias***
Texto: Sergi Belbel
Direção: Christiane Jatahy
Com: Guta Stresser, Giselle Fróes, Gabriel Braga Nunes, Carvalhinho, Guilherme Piva, Ricardo Blat, Oscar Saraiva, Nelson Domingues, Suzana Saldanha e Camila Amado

1993

• ***Meus Prezados Canalhas***
Texto: João Uchoa Cavalcanti Netto
Direção: Gracindo Jr.
Com Ângela Vieira e Othon Bastos

1992

• ***Procura-se um Tenor***
Texto: Ken Ludwig

Foto promocional de Celeste, 1970

Direção: Bibi Ferreira
Com Fulvio Stefanini, Juca de Oliveira e Francarlos Reis

1991
• ***O Estranho Casal***
Texto: Neil Simon
Direção: Antonio Abujamra
Com Marly Marley

1989
• ***Cozinhando Maçãs***
Texto: Ziraldo
Com Marcelo Ibrahim

1988
• ***Vida de Artista***
Texto: Paulo Cesar Coutinho
Direção: Débora Duarte
Com Pedro Pianzo e Maurício Abud

1987
• ***Mulher, o Melhor Investimento***
Texto: José Renato

1986
• ***Todo Cuidado é Pouco***
Texto: Celso Luiz Paulini
Direção: Sergio Mamberti
Com Luiz Armando Queiroz, Eduardo Tornaghi, Claudia Borioni

1984

• ***A Venerável Madame Goneau***
Texto: João Bethencourt
Direção: Paulo Afonso de Lima
Com José Augusto Branco, Narjara Turetta e Otávio Augusto

1983

• ***Doce Deleite***
Texto: Mauro Rasi, Vicente Pereira e Alcione Araújo
Direção: Alcione Araújo
Com Marcos Nanini

1981

• ***Quem é Amélia?***
Direção: Antonio Pedro
Com Anselmo Vasconcelos e Eduardo Conde

1976

• ***Vagas para Moças de Fino Trato***
Texto: Alcyone Araújo
Direção: Amir Haddad
Com Yoná Magalhães, Maria Fernanda

1973

• ***A Teoria, na Prática, é Outra***
Texto: Ana Diosdato
Direção: Antônio Pedro
Com Gracindo Jr. e Fabio Sabag

1972

• ***Dom Chicote***
Direção: Paulo Lara
Com Lorival Paris

1968

• ***Noites Brancas***
Texto: Fiódor Dostoiévski
Adaptação: Edgard Gurgel
Direção: Osmar Rodriguez Cruz

• ***Os Últimos***
Texto: Máximo Gorki
Direção: Antonio Abujamra
Com Nicete Bruno

• ***Este ovo é um galo***
Texto: Lauro Cesar Muniz
Direção: Silnei Siqueira

1966

• ***O Sistema Fabrizzi***
Texto: Albert Hudson
Direção: Maurice Vanneaux
Com Leonardo Villar

Índice

Apresentação – José Serra 5

Coleção Aplauso – Hubert Alquéres 7

Introdução 13

Nasce de uma Estrela (1950-70) 19

Atriz, Mãe e Mulher 61

Anos 80: Uma Década de Personagens Inesquecíveis 93

Uma Italiana Especial 121

Refexões sobre a Vida 143

Cronologia 161

Crédito das Fotografias

Todas as fotografias pertencem ao acervo pessoal de Débora Duarte, salvo indicação em contrário

Alexandre Salgado 101

Cedoc TV Globo 23, 63, 73, 74, 76, 80, 104, 106, 111, 124, 127, 129, 131, 133, 163, 165

David Zingg 82, 83, 84, 178

Estúdio Boer 25

Guga Melgar 126

A despeito dos esforços de pesquisa empreendidos pela Editora para identificar a autoria das fotos expostas nesta obra, parte delas não é de autoria conhecida de seus organizadores.
Agradecemos o envio ou comunicação de toda informação relativa à autoria e/ou a outros dados que porventura estejam incompletos, para que sejam devidamente creditados.

Coleção Aplauso

Série Cinema Brasil

Alain Fresnot – Um Cineasta sem Alma
Alain Fresnot

Agostinho Martins Pereira – Um Idealista
Máximo Barro

Alfredo Sternheim – Um Insólito Destino
Alfredo Sternheim

Ana Carolina – Ana Carolina Teixeira Soares – Cineasta Brasileira
Evaldo Morcazel

O Ano em Que Meus Pais Saíram de Férias
Roteiro de Cláudio Galperin, Bráulio Mantovani, Anna Muylaert e Cao Hamburger

Anselmo Duarte – O Homem da Palma de Ouro
Luiz Carlos Merten

Antes Que o Mundo Acabe
Roteiro de Ana Luiza Azevedo

Antonio Carlos da Fontoura – Espelho da Alma
Rodrigo Murat

Ary Fernandes – Sua Fascinante História
Antônio Leão da Silva Neto

O Bandido da Luz Vermelha
Roteiro de Rogério Sganzerla

Batismo de Sangue
Roteiro de Dani Patarra e Helvécio Ratton

Bens Confiscados
Roteiro comentado pelos seus autores Daniel Chaia e Carlos Reichenbach

Braz Chediak – Fragmentos de uma Vida
Sérgio Rodrigo Reis

Cabra-Cega
Roteiro de Di Moretti, comentado por Toni Venturi e Ricardo Kauffman

O Caçador de Diamantes
Roteiro de Vittorio Capellaro, comentado por Máximo Barro

Carlos Coimbra – Um Homem Raro
Luiz Carlos Merten

Carlos Reichenbach – O Cinema Como Razão de Viver
Marcelo Lyra

A Cartomante
Roteiro comentado por seu autor Wagner de Assis

Casa de Meninas
Romance original e roteiro de Inácio Araújo

O Caso dos Irmãos Naves
Roteiro de Jean-Claude Bernardet e Luis Sérgio Person

O Céu de Suely
Roteiro de Karim Aïnouz, Felipe Bragança e Maurício Zacharias

Chega de Saudade
Roteiro de Luiz Bolognesi

Cidade dos Homens
Roteiro de Elena Soárez

Como Fazer um Filme de Amor
Roteiro escrito e comentado por Luiz Moura e José Roberto Torero

O Contador de Histórias
Roteiro de Luiz Villaça, Mariana Veríssimo, Maurício Arruda e José Roberto Torero

Críticas de B.J. Duarte – Paixão, Polêmica e Generosidade
Luiz Antonio Souza Lima de Macedo

Críticas de Edmar Pereira – Razão e Sensibilidade
Org. Luiz Carlos Merten

Críticas de Inácio Araújo – Cinema de Boca em Boca: Escritos Sobre Cinema
Juliano Tosi

Críticas de Jairo Ferreira – Críticas de invenção: Os Anos do São Paulo Shimbun
Org. Alessandro Gamo

Críticas de Luiz Geraldo de Miranda Leão – Analisando Cinema: Críticas de LG
Org. Aurora Miranda Leão

Críticas de Ruben Biáfora – A Coragem de Ser
Org. Carlos M. Motta e José Júlio Spiewak

De Passagem
Roteiro de Cláudio Yosida e Direção de Ricardo Elias

Desmundo
Roteiro de Alain Fresnot, Anna Muylaert e Sabina Anzuategui

Djalma Limongi Batista – Livre Pensador
Marcel Nadale

Dogma Feijoada: O Cinema Negro Brasileiro
Jeferson De

Dois Córregos
Roteiro de Carlos Reichenbach

A Dona da História
Roteiro de João Falcão, João Emanuel Carneiro e Daniel Filho

Os 12 Trabalhos
Roteiro de Cláudio Yosida e Ricardo Elias

É Proibido Fumar
Roteiro de Anna Muylaert

Estômago
Roteiro de Lusa Silvestre, Marcos Jorge e Cláudia da Natividade

Feliz Ano Velho
Roteiro de Roberto Gervitz

Feliz Natal
Roteiro de Selton Mello e Marcelo Vindicatto

Fernando Meirelles – Biografia Prematura
Maria do Rosário Caetano

Fim da Linha
Roteiro de Gustavo Steinberg e Guilherme Werneck; Storyboards de Fábio Moon e Gabriel Bá

Fome de Bola – Cinema e Futebol no Brasil
Luiz Zanin Oricchio

Francisco Ramalho Jr. – Éramos Apenas Paulistas
Celso Sabadin

Geraldo Moraes – O Cineasta do Interior
Klecius Henrique

Guilherme de Almeida Prado – Um Cineasta Cinéfilo
Luiz Zanin Oricchio

Helvécio Ratton – O Cinema Além das Montanhas
Pablo Villaça

O Homem que Virou Suco
Roteiro de João Batista de Andrade, organização de Ariane Abdallah e Newton Cannito

Ivan Cardoso – O Mestre do Terrir
Remier

Jeremias Moreira – O Cinema como Ofício
Celso Sabadin

João Batista de Andrade – Alguma Solidão e Muitas Histórias
Maria do Rosário Caetano

Jogo Subterrâneo
Roteiro de Roberto Gervitz

Jorge Bodanzky – O Homem com a Câmera
Carlos Alberto Mattos

José Antonio Garcia – Em Busca da Alma Feminina
Marcel Nadale

José Carlos Burle – Drama na Chanchada
Máximo Barro

Leila Diniz
Roteiro de Luiz Carlos Lacerda

Liberdade de Imprensa – O Cinema de Intervenção
Renata Fortes e João Batista de Andrade

Luiz Carlos Lacerda – Prazer & Cinema
Alfredo Sternheim

Maurice Capovilla – A Imagem Crítica
Carlos Alberto Mattos

Mauro Alice – Um Operário do Filme
Sheila Schvarzman

Máximo Barro – Talento e Altruísmo
Alfredo Sternheim

Miguel Borges – Um Lobisomem Sai da Sombra
Antônio Leão da Silva Neto

Não por Acaso
Roteiro de Philippe Barcinski, Fabiana Werneck Barcinski e Eugênio Puppo

Narradores de Javé
Roteiro de Eliane Caffé e Luís Alberto de Abreu

Olhos Azuis
Argumento de José Joffily e Jorge Duran
Roteiro de Jorge Duran e Melanie Dimantas

Onde Andará Dulce Veiga
Roteiro de Guilherme de Almeida Prado

Orlando Senna – O Homem da Montanha
Hermes Leal

Ozualdo Candeias – Pedras e Sonhos no Cineboca
Moura Reis

Pedro Jorge de Castro – O Calor da Tela
Rogério Menezes

Quanto Vale ou É por Quilo
Roteiro de Eduardo Benaim, Newton Cannito e Sergio Bianchi

Radiografia de um Filme: São Paulo Sociedade Anônima
Ninho Moraes

Ricardo Pinto e Silva – Rir ou Chorar
Rodrigo Capella

Roberto Gervitz – Brincando de Deus
Evaldo Mocarzel

Rodolfo Nanni – Um Realizador Persistente
Neusa Barbosa

Salve Geral
Roteiro de Sergio Rezende e Patrícia Andrade

O Signo da Cidade
Roteiro de Bruna Lombardi

Ugo Giorgetti – O Sonho Intacto
Rosane Pavam

Viva-Voz
Roteiro de Márcio Alemão

Vladimir Carvalho – Pedras na Lua e Pelejas no Planalto
Carlos Alberto Mattos

Vlado – 30 Anos Depois
Roteiro de João Batista de Andrade

Zuzu Angel
Roteiro de Marcos Bernstein e Sergio Rezende

Série Cinema

Bastidores – Um Outro Lado do Cinema
Elaine Guerini

Série Ciência & Tecnologia

Cinema Digital – Um Novo Começo?
Luiz Gonzaga Assis de Luca

A Hora do Cinema Digital – Democratização e Globalização do Audiovisual
Luiz Gonzaga Assis De Luca

Série Crônicas

Crônicas de Maria Lúcia Dahl – O Quebra-cabeças
Maria Lúcia Dahl

Série Dança

Luis Arrieta – Poeta do Movimento
Roberto Pereira

Rodrigo Pederneiras e o Grupo Corpo – Dança Universal
Sérgio Rodrigo Reis

Série Música

Maestro Diogo Pacheco – Um Maestro para Todos
Alfredo Sternheim

Rogério Duprat – Ecletismo Musical
Máximo Barro

Sérgio Ricardo – Canto Vadio
Eliana Pace

Wagner Tiso – Som, Imagem, Ação
Beatriz Coelho Silva

Série Teatro Brasil

Alcides Nogueira – Alma de Cetim
Tuna Dwek

Antenor Pimenta – Circo e Poesia
Danielle Pimenta

Bivar – O Explorador de Sensações Peregrinas
Maria Lucia Dahl

A Carroça dos Sonhos e os Últimos Saltimbancos
Roberto Nogueira

Cia de Teatro Os Satyros – Um Palco Visceral
Alberto Guzik

Críticas de Clóvis Garcia – A Crítica Como Ofício
Org. Carmelinda Guimarães

Críticas de Jefferson Del Rios – Volume I – Crítica Teatral
Org. Jefferson Del Rios

Críticas de Jefferson Del Rios – Volume II – Crítica Teatral
Org. Jefferson Del Rios

Críticas de Maria Lucia Candeias – Duas Tábuas e Uma Paixão
Org. José Simões de Almeida Júnior

Federico Garcia Lorca – Pequeno Poema Infinito
Antonio Gilberto e José Mauro Brant

Ilo Krugli – Poesia Rasgada
Ieda de Abreu

João Bethencourt – O Locatário da Comédia
Rodrigo Murat

José Renato – Energia Eterna
Hersch Basbaum

Leilah Assumpção – A Consciência da Mulher
Eliana Pace

Luís Alberto de Abreu – Até a Última Sílaba
Adélia Nicolete

Maurice Vaneau – Artista Múltiplo
Leila Corrêa

Renata Palottini – Cumprimenta e Pede Passagem
Rita Ribeiro Guimarães

Teatro Brasileiro de Comédia – Eu Vivi o TBC
Nydia Licia

O Teatro de Abílio Pereira de Almeida
Abílio Pereira de Almeida

O Teatro de Aimar Labaki
Aimar Labaki

O Teatro de Alberto Guzik
Alberto Guzik

O Teatro de Antonio Rocco
Antonio Rocco

O Teatro de Cordel de Chico de Assis
Chico de Assis

O Teatro de Emílio Boechat
Emílio Boechat

O Teatro de Germano Pereira – Reescrevendo Clássicos
Germano Pereira

O Teatro de José Saffioti Filho
José Saffioti Filho

O Teatro de Alcides Nogueira – Trilogia: Ópera Joyce – Gertrude Stein, Alice Toklas & Pablo Picasso – Pólvora e Poesia
Alcides Nogueira

O Teatro de Antonio Bivar: As Três Primeiras Peças
Antonio Bivar

O Teatro de Eduardo Rieche & Gustavo Gasparani – Em Busca de um Teatro Musical Carioca
Eduardo Rieche & Gustavo Gasparani

O Teatro de Ivam Cabral – Quatro textos para um teatro veloz: Faz de Conta que tem Sol lá Fora – Os Cantos de Maldoror – De Profundis – A Herança do Teatro
Ivam Cabral

O Teatro de Marici Salomão
Marici Salomão

O Teatro de Noemi Marinho: Fulaninha e Dona Coisa, Homeless, Cor de Chá, Plantonista Vilma
Noemi Marinho

Teatro de Revista em São Paulo – De Pernas para o Ar
Neyde Veneziano

O Teatro de Rodolfo Garcia Vasquez – Quatro Textos e Um Roteiro
Rodolfo Garcia Vasquez

O Teatro de Samir Yazbek: A Entrevista – O Fingidor – A Terra Prometida
Samir Yazbek

O Teatro de Sérgio Roveri
Sérgio Roveri

Teresa Aguiar e o Grupo Rotunda – Quatro Décadas em Cena
Ariane Porto

Série Perfil

Analy Alvarez – De Corpo e Alma
Nicolau Radamés Creti

Antônio Petrin – Ser Ator
Orlando Margarido

Aracy Balabanian – Nunca Fui Anjo
Tania Carvalho

Arllete Montenegro – Fé, Amor e Emoção
Alfredo Sternheim

Ary Fontoura – Entre Rios e Janeiros
Rogério Menezes

Aurora Duarte – Faca de Ponta
Aurora Duarte

Berta Zemel – A Alma das Pedras
Rodrigo Antunes Corrêa

Bete Mendes – O Cão e a Rosa
Rogério Menezes

Betty Faria – Rebelde por Natureza
Tania Carvalho

Carla Camurati – Luz Natural
Carlos Alberto Mattos

Carmem Verônica – O Riso com Glamour
Claudio Fragata

Cecil Thiré – Mestre do seu Ofício
Tania Carvalho

Celso Nunes – Sem Amarras
Eliana Rocha

Cleyde Yaconis – Dama Discreta
Vilmar Ledesma

David Cardoso – Persistência e Paixão
Alfredo Sternheim

Denise Del Vecchio – Memórias da Lua
Tuna Dwek

Dionísio Azevedo e Flora Geni - Dionísio e Flora: Uma Vida na Arte
Dionísio Jacob

Ednei Giovenazzi – Dono da Sua Emoção
Tania Carvalho

Elisabeth Hartmann – A Sarah dos Pampas
Reinaldo Braga

Emiliano Queiroz – Na Sobremesa da Vida
Maria Leticia

Emilio Di Biasi – O Tempo e a Vida de um Aprendiz
Erika Riedel

Etty Fraser – Virada Pra Lua
Vilmar Ledesma

Ewerton de Castro – Minha Vida na Arte: Memória e Poética
Reni Cardoso

Fernanda Montenegro – A Defesa do Mistério
Neusa Barbosa

Fernando Peixoto – Em Cena Aberta
Marília Balbi

Geórgia Gomide – Uma Atriz Brasileira
Eliana Pace

Gianfrancesco Guarnieri – Um Grito Solto no Ar
Sérgio Roveri

Glauco Mirko Laurelli – Um Artesão do Cinema
Maria Angela de Jesus

Haydée Bittencourt – O Esplendor do Teatro
Gabriel Federicci

Ilka Soares – A Bela da Tela
Wagner de Assis

Irene Ravache – Caçadora de Emoções
Tania Carvalho

Irene Stefania – Arte e Psicoterapia
Germano Pereira

Isabel Ribeiro – Iluminada
Luis Sergio Lima e Silva

Isolda Cresta – Zozô Vulcão
Luis Sérgio Lima e Silva

Jece Valadão - Também Somos Irmãos
Apoenam Rodrigues

Joana Fomm – Momento de Decisão
Vilmar Ledesma

John Herbert – Um Gentleman no Palco e na Vida
Neusa Barbosa

Jonas Bloch – O Ofício de uma Paixão
Nilu Lebert

Jorge Loredo – O Perigote do Brasil
Cláudio Fragata

José Dumont – Do Cordel às Telas
Klecius Henrique

Laura Cardoso – Contadora de Histórias
Julia Laks

Leonardo Villar – Garra e Paixão
Nydia Licia

Lília Cabral – Descobrindo Lília Cabral
Analu Ribeiro

Lolita Rodrigues – De Carne e Osso
Eliana Castro

Louise Cardoso – A Mulher do Barbosa
Vilmar Ledesma

Marcos Caruso – Um Obstinado
Eliana Rocha

Maria Adelaide Amaral – A Emoção Libertária
Tuna Dwek

Marisa Prado – A Estrela, O Mistério
Luiz Carlos Lisboa

Marlene França – Do Sertão da Bahia ao Clã Matarazzo
Maria Do Rosário Caetano

Mauro Mendonça – Em Busca da Perfeição
Renato Sérgio

Miguel Magno - O Pregador De Peças
Andréa Bassitt

Miriam Mehler – Sensibilidade e Paixão
Vilmar Ledesma

Naum Alves de Souza: Imagem, Cena, Palavra
Alberto Guzik

Nicette Bruno e Paulo Goulart – Tudo em Família
Elaine Guerrini

Nívea Maria – Uma Atriz Real
Mauro Alencar e Eliana Pace

Niza de Castro Tank – Niza, Apesar das Outras
Sara Lopes

Norma Blum - Muitas Vidas: Vida e Carreira de Norma Blum
Norma Blum

Paulo Betti – Na Carreira de um Sonhador
Teté Ribeiro

Paulo José – Memórias Substantivas
Tania Carvalho

Paulo Hesse – A Vida Fez de Mim um Livro e Eu Não Sei Ler
Eliana Pace

Pedro Paulo Rangel – O Samba e o Fado
Tania Carvalho

Regina Braga – Talento é um Aprendizado
Marta Góes

Reginaldo Faria – O Solo de Um Inquieto
Wagner de Assis

Renata Fronzi – Chorar de Rir
Wagner de Assis

Renato Borghi – Borghi em Revista
Élcio Nogueira Seixas

Renato Consorte – Contestador por Índole
Eliana Pace

Rolando Boldrin – Palco Brasil
Ieda de Abreu

Rosamaria Murtinho – Simples Magia
Tania Carvalho

Rubens de Falco – Um Internacional Ator Brasileiro
Nydia Licia

Ruth de Souza – Estrela Negra
Maria Ângela de Jesus

Sérgio Hingst – Um Ator de Cinema
Máximo Barro

Sérgio Viotti – O Cavalheiro das Artes
Nilu Lebert

Silnei Siqueira – A Palavra em Cena
Ieda de Abreu

Silvio de Abreu – Um Homem de Sorte
Vilmar Ledesma

Sônia Guedes – Chá das Cinco
Adélia Nicolete

Sonia Maria Dorce – A Queridinha do meu Bairro
Sonia Maria Dorce Armonia

Sonia Oiticica – Uma Atriz Rodriguiana?
Maria Thereza Vargas

Stênio Garcia – Força da Natureza
Wagner Assis

Suely Franco – A Alegria de Representar
Alfredo Sternheim

Tania Alves – Tânia Maria Bonita Alves
Fernando Cardoso

Tatiana Belinky – ... E Quem Quiser Que Conte Outra
Sérgio Roveri

Theresa Amayo – Ficção e Realidade
Theresa Amayo

Tonico Pereira – Um Ator Improvável, uma Autobiografia não Autorizada
Eliana Bueno Ribeiro

Tony Ramos – No Tempo da Delicadeza
Tania Carvalho

Umberto Magnani – Um Rio de Memórias
Adélia Nicolete

Vera Holtz – O Gosto da Vera
Analu Ribeiro

Vera Nunes – Raro Talento
Eliana Pace

Walderez de Barros – Voz e Silêncios
Rogério Menezes

Walter George Durst – Doce Guerreiro
Nilu Lebert

Zezé Motta – Muito Prazer
Rodrigo Murat

Especial

Agildo Ribeiro – O Capitão do Riso
Wagner de Assis

Av. Paulista, 900 – a História da TV Gazeta
Elmo Francfort

Beatriz Segall – Além das Aparências
Nilu Lebert

Carlos Zara – Paixão em Quatro Atos
Tania Carvalho

Célia Helena – Uma Atriz Visceral
Nydia Licia

harles Möeller e Claudio Botelho – Os Reis dos Musicais
Tania Carvalho

Cinema da Boca – Dicionário de Diretores
Alfredo Sternheim

Dicionário de Astros e Estrelas do Cinema Brasileiro
Antonio Leão

Dina Sfat – Retratos de uma Guerreira
Antonio Gilberto

Eva Todor – O Teatro de Minha Vida
Maria Angela de Jesus

Eva Wilma – Arte e Vida
Edla van Steen

Gloria in Excelsior – Ascensão, Apogeu e Queda do Maior Sucesso da Televisão Brasileira – TV Excelsior 2ª Edição
Álvaro Moya

As Grandes Vedetes do Brasil
Neyde Veneziano

Ítalo Rossi – Ítalo Rossi, Isso é Tudo
Antônio Gilberto e Ester Jablonski

Lembranças de Hollywood
Dulce Damasceno de Britto, organizado por Alfredo Sternheim

Lilian Lemmertz - Sem Rede de Proteção
Cleodon Coelho

Marcos Flaksman – Universos Paralelos
Wagner de Assis

Maria Della Costa – Seu Teatro, Sua Vida
Warde Marx

Mazzaropi – Uma Antologia de Risos
Paulo Duarte

Ney Latorraca – Uma Celebração
Tania Carvalho

Odorico Paraguaçu: O Bem-amado de Dias Gomes – História de um Personagem Larapista e Maquiavelento
José Dias

Raul Cortez – Sem Medo de se Expor
Nydia Licia

Rede Manchete – Aconteceu, Virou História
Elmo Francfort

Sérgio Cardoso – Imagens de Sua Arte
Nydia Licia

Tônia Carrero – Movida pela Paixão
Tania Carvalho

TV Tupi – Uma Linda História de Amor
Vida Alves

Victor Berbara – O Homem das Mil Faces
Tania Carvalho

Walmor Chagas – Ensaio Aberto para Um Homem Indignado
Djalma Limongi Batista

Dados Internacionais de Catalogação na Publicação
Biblioteca da Imprensa Oficial do Estado de São Paulo

Malin, Laura.
Débora Duarte : Filha da televisão / Laura Malin. – São Paulo : Imprensa Oficial do Estado de São Paulo, [2009].
206p.: il. – (Coleção aplauso. Série perfil / coordenador geral Rubens Ewald Filho).

ISBN 978-85-7060-774-4

1. Atores e atrizes de televisão - Brasil 2. Atores e atrizes de cinema – Brasil 3. Atrizes – Brasil - Biografia 4. Duarte, Débora, 1950 I. Ewald Filho, Rubens II.Título. III. Série.

CDD – 791.092

Índices para catálogo sistemático:
1. Brasil : Atrizes : Representações públicas : Biografia 791.092

Foi feito o depósito legal
Lei nº 10.994, de 14/12/2004

Impresso no Brasil / 2009
Reimpresso no Brasil / 2010

Imprensa Oficial do Estado de São Paulo
Rua da Mooca, 1921 Mooca
03103-902 São Paulo SP
www.imprensaoficial.com.br/livraria
livros@imprensaoficial.com.br
SAC 0800 01234 01
sac@imprensaoficial.com.br

Coleção Aplauso Série Perfil

Coordenador Geral	Rubens Ewald Filho
Coordenador Operacional e Pesquisa Iconográfica	Marcelo Pestana
Projeto Gráfico	Carlos Cirne
Editor Assistente	Felipe Goulart
Editoração	Sandra Regina Brazão
	Fátima Consales
Tratamento de Imagens	José Carlos da Silva
Revisão	Wilson Ryoji Imoto

Formato: 12 x 18 cm

Tipologia: Frutiger

Papel miolo: Offset LD 90 g/m^2

Papel capa: Triplex 250 g/m^2

Número de páginas: 206

Editoração, CTP, impressão e acabamento:
Imprensa Oficial do Estado de São Paulo

imprensaoficial